Histórias de Ninar para Garotas Rebeldes

Histórias de ninar para garotas rebeldes

100 brasileiras extraordinárias

Outro Planeta

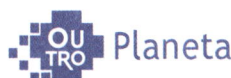

Copyright © Timbuktu Labs, Inc., 2021
Copyright © Rebel Girls, Inc., 2021
Copyright © Editora Planeta do Brasil, 2023
Todos os direitos reservados.
Criado em parceria com Rebel Girls, como parte da série *Histórias de ninar para Garotas Rebeldes*.

Redação: Angela Boldrini
Checagem de fatos: Patrícia Figueiredo
Preparação: Juliana Rodrigues | Algo Novo Editorial
Direção de arte original: Giulia Flamini
Revisão: Valquíria Matiolli, Renata Lopes Del Nero, Alanne Maria, Gabriela Almeida Mendizabal, Mariana Souza, Fernanda Simões Lopes e Caroline Silva
Diagramação: Vanessa Lima
Coordenação de arte: Beatriz Borges
Capa: Adaptada do projeto original de Cesar Iannarella
Adaptação de lettering de capa: Juliana Moore

CIP-BRASIL. CATALOGAÇÃO NA PUBLICAÇÃO
ANGÉLICA ILACQUA CRB-8/7057

Histórias de ninar para garotas rebeldes: 100 brasileiras extraordinárias. – São Paulo: Planeta do Brasil, 2023.
224 p.

ISBN: 978-85-422-2155-8

1. Mulheres – Brasil – Biografia – Literatura infantojuvenil I. Título

23-1595   CDD 920.72

Índice para catálogo sistemático:
1. Mulheres – Brasil – Biografia – Literatura infantojuvenil

 Ao escolher este livro, você está apoiando o manejo responsável das florestas do mundo

2023
Todos os direitos desta edição reservados à
Editora Planeta do Brasil Ltda.
Rua Bela Cintra, 986, 4º andar – Consolação
São Paulo – SP – 01415-002
www.planetadelivros.com.br
faleconosco@editoraplaneta.com.br

Para as garotas rebeldes do Brasil,

Aprendam com o passado e, quando estiverem em dúvida, não se esqueçam:

Vocês podem moldar o futuro!

SUMÁRIO

ÁDRIA SANTOS • ATLETA PARAOLÍMPICA — 2

ALZIRA SORIANO • POLÍTICA — 4

AMELINHA TELES • MILITANTE E JORNALISTA — 6

ANA BOTAFOGO • BAILARINA — 8

ANA FONTES • EMPREENDEDORA — 10

ANA MARIA MACHADO • ESCRITORA — 12

ANA NÉRI • ENFERMEIRA — 14

ANGELITA GAMA • CIRURGIÃ — 16

ANITTA • CANTORA — 18

ANNA MUYLAERT • DIRETORA DE CINEMA — 20

ARACY MOEBIUS DE CARVALHO • DIPLOMATA — 22

BERTHA LUTZ • BIÓLOGA E DIPLOMATA — 24

BETH CARVALHO • CANTORA — 26

BIBI FERREIRA • ATRIZ — 28

CAROLINA MARIA DE JESUS • ESCRITORA — 30

CÁSSIA ELLER • CANTORA E COMPOSITORA — 32

CHICA DA SILVA • FIGURA HISTÓRICA — 34

CHIQUINHA GONZAGA • MUSICISTA — 36

CLARICE LISPECTOR • ESCRITORA — 38

CONCEIÇÃO EVARISTO • ESCRITORA — 40

DAIANE DOS SANTOS • GINASTA — 42

DANDARA DOS PALMARES • ABOLICIONISTA — 44

DÉBORA SEABRA • PROFESSORA — 46

DILMA ROUSSEFF • EX-PRESIDENTA	48
DJAMILA RIBEIRO • FILÓSOFA E ESCRITORA	50
DONA IVONE LARA • CANTORA E COMPOSITORA	52
DORINA NOWILL • PROFESSORA	54
ELIETE PARAGUASSU • ATIVISTA	56
ELIS REGINA • CANTORA	58
ELLEN GRACIE • JURISTA	60
ELZA SOARES • CANTORA	62
ENEDINA ALVES MARQUES • ENGENHEIRA	64
ESTER CARRO • ARQUITETA	66
FÁTIMA BERNARDES • JORNALISTA E APRESENTADORA	68
FERNANDA MONTENEGRO • ATRIZ	70
FORMIGA • JOGADORA DE FUTEBOL	72
GAL COSTA • CANTORA	74
GISELE BÜNDCHEN • MODELO	76
HEBE CAMARGO • APRESENTADORA	78
HELENA RIZZO • CHEF DE COZINHA	80
HILDA HILST • ESCRITORA	82
HORTÊNCIA MARCARI • JOGADORA DE BASQUETE	84
IANA CHAN • EMPRESÁRIA	86
INDIANARAE SIQUEIRA • ATIVISTA	88
IVETE SANGALO • CANTORA	90
JACKIE E SANDRA • JOGADORAS DE VÔLEI DE PRAIA	92
JOENIA WAPICHANA • ADVOGADA E POLÍTICA	94
KARLA LESSA • BOMBEIRA E PILOTA	96
LÉLIA GONZALEZ • ANTROPÓLOGA E ESCRITORA	98
LORENA ELTZ • ATIVISTA	100
LUIZA ERUNDINA • POLÍTICA	102
LUIZA HELENA TRAJANO • EMPRESÁRIA	104
LYGIA CLARK • PINTORA E ESCULTORA	106
MADALENA CARAMURU • FIGURA HISTÓRICA, INDÍGENA E ESTUDANTE	108
MAJU DE ARAÚJO • MODELO	110

MARCELLE SOARES-SANTOS • FÍSICA	112
MÁRCIA BARBOSA • FÍSICA	114
MARIA AUXILIADORA DA SILVA • PINTORA	116
MARIA BETHÂNIA • CANTORA	118
MARIA DA CONCEIÇÃO TAVARES • ECONOMISTA	120
MARIA DA PENHA • ATIVISTA	122
MARIA ESTHER BUENO • JOGADORA DE TÊNIS	124
MARIA FIRMINA DOS REIS • ESCRITORA	126
MARIA LENK • NADADORA	128
MARIA MARTINS • ESCULTORA	130
MARIA QUITÉRIA • COMBATENTE	132
MARIELLE FRANCO • POLÍTICA	134
MARILENA CHAUI • FILÓSOFA	136
MARÍLIA MENDONÇA • CANTORA E COMPOSITORA	138
MARINA SILVA • POLÍTICA	140
MAURREN MAGGI • ATLETA	142
MELÂNIA LUZ • VELOCISTA	144
MESTRA JOANA • ARTISTA MUSICAL	146
MIRIAM LEITÃO • ECONOMISTA E JORNALISTA	148
MULHERES DE TEJUCUPAPO • GRUPO DE HEROÍNAS	150
NATALIA PASTERNAK • MICROBIOLOGISTA	152
NICOLLE MERHY • EMPRESÁRIA	154
NIÈDE GUIDON • ARQUEÓLOGA	156
NISE DA SILVEIRA • PSIQUIATRA	158
NÍSIA FLORESTA • EDUCADORA E ESCRITORA	160
PAGU • ESCRITORA	162
PANMELA CASTRO • ARTISTA DE RUA	164
RAYSSA LEAL • SKATISTA	166
RITA LEE • CANTORA	168
ROBERTA ESTRELA D'ALVA • SLAMMER	170
RUTH DE SOUZA • ATRIZ	172
RUTH SONNTAG NUSSENZWEIG • MÉDICA PESQUISADORA	174

SÔNIA BRAGA • ATRIZ	176
SONIA GUAJAJARA • LÍDER INDÍGENA E POLÍTICA	178
SUZANA AMARAL • DIRETORA DE CINEMA	180
SYLVIA ANJOS • GEÓLOGA	182
TARSILA DO AMARAL • PINTORA	184
THELMA KRUG • MATEMÁTICA	186
THEREZA DI MARZO • AVIADORA	188
TXAI SURUÍ • LÍDER INDÍGENA	190
VERONICA OLIVEIRA • EMPREENDEDORA	192
XUXA MENEGHEL • APRESENTADORA DE TV	194
ZEZÉ MOTTA • ATRIZ	196
ZICA ASSIS • EMPREENDEDORA	198
ZILDA ARNS • MÉDICA	200
ESCREVA SUA HISTÓRIA	202
DESENHE SEU RETRATO	203
GLOSSÁRIO	204
ILUSTRADORAS	207
AGRADECIMENTOS	208

PREFÁCIO

Queridas Rebeldes,

Estamos muito orgulhosas de poder compartilhar com vocês a edição brasileira da série *Histórias de ninar para Garotas Rebeldes: 100 brasileiras extraordinárias*. Os livros anteriores contaram centenas de histórias reais de todos os cantos do mundo: histórias de chefes de Estado, de cantoras de ópera, da inventora do Wi-Fi e da Rainha da Salsa, entre outras. Muitas dessas mulheres já eram conhecidas mundialmente, mas às vezes podemos aprender ainda mais sobre quem está no nosso próprio quintal!

Queremos te apresentar a brasileiras que são artistas, campeãs, líderes, guerreiras, cientistas e pioneiras, essas mulheres incríveis que podem ter caminhado pelas mesmas ruas nas quais você anda hoje. Nós estamos muito animadas para compartilhar histórias de garotas rebeldes que já são amadas e admiradas pelo país inteiro, mas também daquelas que ainda não são tão conhecidas pelo público.

As heroínas capazes de mudar um país – e o mundo – são as que primeiro fazem mudanças nas suas próprias vidas e nos seus bairros. São estrelas de cinema mundialmente reconhecidas e também empreendedoras. São as jogadoras de basquete e as astrofísicas.

Neste livro, você encontrará exemplos de inovação, criatividade e liderança na história de mulheres como Gisele Bündchen, Marcelle Soares-Santos, Eliete Paraguassu, Maria Bethânia, Hortência, Sônia Braga e muitas outras.

Esperamos que essas histórias te inspirem a lutar pelo que você acredita e a seguir seus sonhos.

Mal podemos esperar para ver o que você vai realizar!

Com carinho,
Garotas Rebeldes

ÁDRIA SANTOS

ATLETA PARAOLÍMPICA

Era uma vez uma garota que adorava correr. O nome dela era Ádria. Ela veio ao mundo enxergando bem pouquinho e, aos 18 anos, já não via mais nada. Mas isso não era um problema para quem já havia conquistado as primeiras medalhas ainda muito jovem. Ádria sempre foi muito rápida e amava a sensação do vento no rosto ao correr. Aos 13 anos, já estava voando nas pistas, e logo nos primeiros Jogos Paraolímpicos de que participou levou para casa uma medalha de ouro e duas de prata.

Esse foi só o começo da carreira de Ádria como a maior atleta paraolímpica da história do Brasil. Ela ganhou treze medalhas em Paraolimpíadas e, dessas, quatro foram de ouro. Além dessas conquistas, Ádria subiu ao pódio muitas vezes em competições internacionais e acumula mais de quinhentas medalhas em corridas no Brasil!

Depois de passar vinte e sete anos correndo pelas pistas e conquistando títulos, Ádria se aposentou. Mas isso não significa que ela passou a ficar em casa, não: apesar de vir de uma família pobre, Ádria conseguiu realizar seu sonho de ser atleta por causa de um projeto social. Por isso, ela começou a se movimentar para realizar um outro sonho antigo: fundar um instituto para levar o esporte às escolas e às crianças com deficiência visual.

Quando pequena, tudo era improvisado. Ela sabe o quanto é importante investir para que outras crianças com deficiência possam ser atletas tão vencedoras quanto ela e para que possam experimentar a felicidade que o esporte traz. Quem sabe não vai sair do Instituto Ádria Santos a atleta que vai quebrar o recorde da própria Ádria?

NASCIDA EM 11 DE AGOSTO DE 1974

NANUQUE, MINAS GERAIS

"NÓS NÃO DEVEMOS TER VERGONHA DE MOSTRAR NOSSA DEFICIÊNCIA. AO CONTRÁRIO, ATRAVÉS DO ESPORTE MOSTRAMOS A NOSSA EFICIÊNCIA."
— ÁDRIA SANTOS

ILUSTRADA POR
MAYARA SMITH

ALZIRA SORIANO

POLÍTICA

Era uma vez uma menina que vivia no interior do Rio Grande do Norte e fazia parte de uma família bem rica e influente da cidade. Apesar de ter uma vida muito boa, o que Alzira mais queria era votar. Só que ela nasceu numa época em que as mulheres não tinham direito de participar da política no Brasil.

Como muitas meninas da sua época, ela casou cedo e teve filhos quando ainda era bem novinha. E, bem jovem também, ela ficou viúva — e teve que voltar para a cidade dos pais para começar a administrar a fazenda deles. Cuidar dos negócios não era visto como "trabalho de mulher", mas Alzira era ótima nisso — tanto que o pai dela, que era um líder político da cidade, percebeu isso.

Ela começou a participar de conversas sobre como deviam ser as coisas na cidade, o que deixava as pessoas insatisfeitas, e pensou: *Quero resolver isso!* Só tinha um problema: ela não podia votar, e muito menos ser votada. Por isso, Alzira começou a defender que as mulheres deviam ter os mesmos direitos que os homens. Até que, em 1927, a lei do estado foi mudada: as mulheres **potiguares** poderiam participar das eleições!

Alzira comemorou muito e decidiu fazer uma coisa que até então nenhuma mulher tinha feito: se candidatar a prefeita de sua cidade. A campanha foi difícil, porque muitos homens não aceitavam que uma mulher pudesse estar nessa posição e faziam comentários maldosos. No entanto, ela teve o apoio de 60% dos eleitores e fez história! Ela ganhou!

Os ideais pelos quais Alzira lutou estão vivos até hoje. As mulheres ainda são minoria na política brasileira, mas vêm conquistando mais e mais espaço graças a mulheres pioneiras como ela.

29 DE ABRIL DE 1897 – 28 DE MAIO DE 1963
JARDIM DE ANGICOS, RIO GRANDE DO NORTE

AMELINHA TELES

MILITANTE E JORNALISTA

A casa de Amelinha estava sempre cheia de homens. Eles iam e vinham, sempre parecendo preocupados com algo, discutindo coisas sérias. O pai dela participava de todas as reuniões e, às vezes, a polícia aparecia para prender pessoas por causa da posição política delas. Amelinha assistia curiosa à política se desenrolando na sua sala. O pai, percebendo o entusiasmo da menina, começou a pedir que ela o ajudasse. Quando via os policiais na rua, ela avisava aos líderes operários, que conseguiam fugir pelos fundos da casa. Foi assim que Amelinha aprendeu a gostar de política.

Quando cresceu, ela entrou em uma agremiação partidária e, quando o Brasil sofreu um golpe militar que acabou com a democracia, ela foi presa. Com a irmã, Amelinha passou a viver na clandestinidade. Para não ser presa mais uma vez, ela usava um nome falso e ninguém podia saber o seu endereço de verdade. Infelizmente, mesmo assim, ela acabou caindo nas mãos dos militares de novo. Dessa vez, Amelinha passou por uma das piores coisas que podia acontecer: a tortura. Um policial que era muito malvado a machucou demais...

Apesar disso, Amelinha sobreviveu, foi solta e, com a volta da democracia, trabalhou para que ninguém precisasse passar de novo pelo mesmo que ela. Amelinha também denunciou o que havia acontecido na ditadura e contou a sua história na Comissão Nacional da Verdade, um grupo que se reuniu para não deixar as pessoas esquecerem quem foram aqueles que fizeram tanto mal aos outros em um dos períodos mais difíceis da história do Brasil, como o torturador de Amelinha. Ela também se tornou uma grande ativista dos direitos das mulheres e da defesa da democracia brasileira.

NASCIDA EM 6 DE OUTUBRO DE 1944

CONTAGEM, MINAS GERAIS

ANA BOTAFOGO

BAILARINA

Era uma vez uma menina que nasceu dançando. Ela dançou, dançou, dançou tanto que nem sabia o que seria dela se não dançasse. É impossível separar a vida de Ana do balé. "Eu já não lembro mais da minha vida sem a dança", disse ela uma vez, já adulta.

Ana começou a fazer balé quando tinha apenas 6 anos. Tem gente que faz judô, que faz inglês, que faz teatro. Ana dançava. Fazia parte de sua rotina acordar, ir à escola e depois ao balé. Mas ela não pensava que dava para virar bailarina... Bailarinas de verdade pareciam fadas de um sonho distante. Por isso, quando terminou o ensino médio, Ana prestou vestibular e foi estudar literatura.

Um dia, porém, um tio dela que morava na França a chamou para passar um tempo com ele. Ana foi e, enquanto estava lá, decidiu que queria dar uma chance para o balé. Passou num teste e começou a trabalhar no Ballet de Marseille. E vida de bailarina não é fácil, não, viu? Ana era bem disciplinada, ensaiava muito as coreografias e as piruetas e fazia tudo com tanta leveza que parecia flutuar.

Se algumas meninas sonham em ser princesas, do alto de suas sapatilhas de ponta, Ana chegou lá: interpretou a Bela Adormecida e a Cinderela.

Quando a menina voltou ao Brasil, quis entrar para o Corpo de Baile do Theatro Municipal do Rio de Janeiro, sua cidade natal. Em 1981, integrou o balé como bailarina principal, posto que ela ocupa até hoje! No Brasil, já dançou em cem cidades e rodopiou em outros doze países.

Ana, a menina que não sabe viver sem dançar, se tornou um símbolo do balé: hoje é impossível um brasileiro pensar em sapatilhas sem se lembrar dela.

NASCIDA EM 9 DE JULHO DE 1957
RIO DE JANEIRO, RIO DE JANEIRO

ANA FONTES

EMPREENDEDORA

O sonho de Ana sempre foi a inclusão. A garota, que estudou numa escola simples, tinha a meta de entrar no mundo empresarial. Ela era uma boa profissional, mas sofria muito preconceito por causa de suas origens. Por muito tempo, Ana tentou correr atrás da aceitação naquele mundo. Fez cursos, aprendeu línguas, mas nada parecia bom o suficiente... Um chefe até chegou a dizer que ela era muito boa, mas que não receberia a promoção por ser mulher — acredita nisso?! Ana sofreu muito nessa época, mas depois tomou uma decisão: ela entendeu que não precisava mudar quem era, e sim o mundo. Desde então, decidiu que não queria ser incluída, queria incluir.

Ana passou num curso para mulheres empresárias e achou muito legal. Mas ela ficou chateada porque, além de ter pouquíssimas vagas, muitas mulheres que queriam participar ficaram de fora. Então Ana decidiu contar o que aprendia no curso em um blog, usando uma linguagem simples. De repente, milhares de mulheres passaram a acompanhar esses textos, e Ana viu que tinha um potencial ali.

Ela começou a oferecer ajuda para as mulheres que queriam iniciar ou melhorar o próprio negócio. Usando a experiência que conseguiu no mundo empresarial, Ana ensinava desde uma mãe que vendia bolos na rua até jovens donas de startups de tecnologia. A Rede Mulher Empreendedora já capacitou mais de meio milhão de mulheres!

Ana aprendeu que você não precisa mudar para se encaixar. E, se os homens não veem o potencial feminino, vale muito mais criar redes com mulheres incríveis — e é isso que ela tem feito desde então.

NASCIDA EM 7 DE JULHO DE 1966

IGREJA NOVA, ALAGOAS

"MEU SONHO COMO EMPREENDEDORA É QUE A GENTE NÃO PRECISE ESPERAR 150, 200 ANOS PARA VIVER NUMA SOCIEDADE MAIS JUSTA E INCLUSIVA PARA MULHERES."
— ANA FONTES

ILUSTRADA POR LUÍSA FANTINEL

ANA MARIA MACHADO

ESCRITORA

Era uma vez uma menina cercada de histórias. Nas estantes de casa e da biblioteca, ela encontrava outras tantas mais. Ana Maria amava ler e gostava de todos os tipos de leitura. Bastava um livro cair na mão dela para ser devorado. As histórias eram tantas que a menina ficou com medo de se esquecer dos detalhes, ou começar a misturar uma com a outra. Por isso, ela pegou um caderninho e começou a anotar tudo o que lia.

Esse hábito cresceu com ela. Ana leu, leu, leu até que, um dia, decidiu começar a escrever as próprias histórias! Ela já era adulta e queria proporcionar às crianças a mesma felicidade que tinha tido ao ler quando era pequena. No começo, Ana Maria publicava historinhas numa revista infantil. Depois, elas viraram livros. Quando viu, a garota já havia escrito mais de cem obras!

E não só para crianças. Ela também escreveu livros para adultos, que foram traduzidos para muitas línguas e rodaram o mundo. Além disso, ela conquistou muitos leitores. As histórias dela já venderam mais de 20 milhões de exemplares de livros!

Ana Maria, que virou uma grande defensora da leitura, sempre diz que, para as crianças gostarem de ler, os adultos também precisam ser leitores. Ela quer que todas as crianças do mundo possam ter esse mesmo amor pelas histórias.

Ela recebeu um grande reconhecimento e ganhou o Prêmio Hans Christian Andersen, distinção mais importante do mundo para escritores de livros infantis. Também foi eleita para a **Academia Brasileira de Letras**, onde ficam alguns dos escritores mais respeitados do Brasil, sempre espalhando a felicidade por meio de histórias e incentivando mais e mais crianças a gostarem desse universo fantástico que é a leitura.

NASCIDA EM 24 DE DEZEMBRO DE 1941
RIO DE JANEIRO, RIO DE JANEIRO

ANA NÉRI

ENFERMEIRA

Ana teve três filhos: Pedro, Justiniano e Isidoro. Ela era ótima mãe e gostava muito de ficar perto dos meninos mesmo depois que eles estavam crescidos – dois deles se tornaram médicos e o terceiro seguiu carreira militar. Eles viviam juntos, de maneira feliz e pacata no interior da Bahia.

Até que um dia chegou uma notícia terrível: os filhos de Ana estavam sendo convocados para a guerra, a fim de lutar pelo Brasil contra o Paraguai. Mas Ana não queria se separar dos filhos, então teve uma ideia: ela mandou uma carta para o governo oferecendo ajuda voluntária no cuidado dos feridos. As autoridades aceitaram e Ana conseguiu seguir com os meninos para o Sul do Brasil.

Lá, freiras a ensinaram a cuidar de feridos – na época, não existiam enfermeiras profissionais. Ana montou um hospital em Assunção, a capital do Paraguai, usando o próprio dinheiro. Ela atuou dia e noite cuidando dos homens feridos que chegavam do campo de batalha, usando tudo que tinha à mão com os poucos recursos do **front**.

Ana fez tudo isso para ficar perto dos três filhos biológicos, mas ganhou outros milhares de filhos por adoção. Os soldados a apelidaram de "Mãe dos Brasileiros", pelo carinho com que se dedicava aos rapazes. Ela recebeu muitas medalhas do governo pela sua atuação na Guerra do Paraguai.

Ana Néri, além de ser uma grande heroína, é considerada a primeira enfermeira do Brasil. A primeira faculdade de enfermagem, fundada em 1923, mais de quarenta anos depois de seu falecimento, foi criada em homenagem à sua força e pioneirismo.

13 DE DEZEMBRO DE 1814 – 20 DE MAIO DE 1880

CACHOEIRA, BAHIA

ANGELITA GAMA

CIRURGIÃ

Desde pequena, Angelita se interessava pela área de ciências biológicas. Depois de um tempo em dúvida sobre qual caminho seguir, decidiu pela medicina. Os pais achavam aquilo uma maluquice: onde já se viu uma menina querer ser médica? Angelita não quis nem saber. Passou na faculdade e seguiu seu sonho. O segundo obstáculo veio quando a garota decidiu que queria ser cirurgiã. Os professores disseram que a sala de cirurgia não era lugar para mulheres, e que ela devia ir para outra área. Mas Angelita, de novo, não aceitou o "não" como resposta.

Ela foi a primeira mulher em muitos dos lugares pelos quais passou. Foi pioneira, por exemplo, na Faculdade de Medicina da Universidade de São Paulo (FMUSP), uma das mais conceituadas do Brasil, onde chefiou o Departamento de Cirurgia. E também foi a primeira mulher aceita pela Sociedade Americana de Cirurgia e a primeira a ser premiada na Europa! A garota atribui isso ao seu trabalho duro: "Sempre trabalhei no mesmo nível ou até mais que os homens", ela conta.

Angelita é uma das brasileiras mais reconhecidas da medicina e uma referência mundial no tratamento de doenças do intestino, que são sua especialidade. Recentemente, ganhou mais uma condecoração: foi incluída na lista dos cientistas do mundo todo que mais contribuíram para a ciência! Para a médica, esse prêmio teve um gostinho especial. A doutora ficou internada muito tempo por causa da covid-19 — mas Angelita batalhou até se recuperar. Rapidinho ela voltou a trabalhar e, com quase 90 anos, diz que ainda tem muito a oferecer e que não tem a menor vontade de parar. E ai de quem disser "não" para ela!

ILHA DE MARAJÓ, PARÁ

ANITTA

CANTORA

Era uma vez uma garota com dois nomes, tipo uma super-heroína. Anitta é uma cantora superpoderosa e conhecida internacionalmente. Mas quando chega em casa, ela tira o figurino e *puf!* se transforma em Larissa, a garota sapeca criada na periferia do Rio de Janeiro, que corre pro colo da mãe sempre que tem um problema.

Mas não foi sempre que a menina atendeu pelos dois nomes. Até os 17 anos, a Anitta não existia, só a Larissa, que estudava e ajudava a mãe, Miriam, a pagar as contas de casa.

Anitta nasceu de um canal no YouTube que Larissa criou. Logo, o público cresceu e ela gravou uma música, duas… Mas foi só na quinta tentativa que Anitta estourou. "Show das poderosas" teve mais de 1 milhão de acessos só na primeira semana! A partir daí, Anitta e Larissa só cresceram.

As duas sempre foram parceiras: quando Larissa comprou um curso de inglês, não imaginava o que viria pela frente. Hoje, Anitta canta em português, inglês, espanhol e até em italiano! A carreira internacional da garota só decola. Ela é considerada uma das cinquenta artistas mais influentes do mundo e se tornou a primeira brasileira a ter uma música entre as cinco mais ouvidas do planeta. Além disso, ela foi indicada ao Grammy na categoria de Artista Revelação!

No entanto, nem só de música vive Anitta. Ela fez uma grande campanha para os jovens tirarem o título de eleitor e participarem das eleições de 2022. Apesar de ser um sucesso mundial, a garota nunca esqueceu as dificuldades que passou na infância e a importância de os jovens se mobilizarem por um futuro melhor. Ainda hoje, ela se manifesta contra o preconceito que existe contra os moradores das comunidades e contra as mulheres artistas.

NASCIDA EM 30 DE MARÇO DE 1993

RIO DE JANEIRO, RIO DE JANEIRO

ANNA MUYLAERT

DIRETORA DE CINEMA

Quero fazer cinema!, pensou Anna. O pai dela, que era diretor em um canal de televisão, havia oferecido para a menina uma vaga de trabalho num programa de auditório. Mas ela tinha outro sonho: ser cineasta. Aquela foi uma fase difícil para Anna, que havia saído da faculdade de cinema aos 20 anos, mas não conseguia um trabalho para começar a correr atrás do seu sonho. Ninguém achava que uma garota tão nova daria conta de trabalhar com filmes. Só que Anna não era de desistir...

Depois de muito bater a cabeça, ela conseguiu um emprego. Trabalhava de um jeito precário, com a câmera numa mão e o microfone na outra, mas, de pouquinho em pouquinho, subiu na carreira. Foi Anna quem ajudou a criar clássicos infantis, como o *Castelo Rá-Tim-Bum*, *Mundo da lua* e *Um menino muito maluquinho*!

O sonho de Anna de ser uma cineasta muito reconhecida se realizou em 2015, quando ela lançou o filme *Que horas ela volta?*. A ideia desse filme, que conta a história de uma empregada doméstica que trabalha para uma família rica, havia nascido lá atrás, quando Anna teve o seu primeiro filho, José. As pessoas insistiam que ela contratasse uma babá, mesmo dizendo que não queria. Anna, que sempre foi muito observadora, começou a reparar em como as pessoas tratavam as babás e entendeu que o tratamento das patroas era cruel. Por isso, decidiu mostrar uma história como essa na sua produção.

O filme foi um sucesso! Ganhou muitos prêmios e chegou até a disputar uma vaga para o Oscar. Anna não só chegou ao topo do cinema, como também provou que desistir não é com ela mesmo.

NASCIDA EM 21 DE ABRIL DE 1964
SÃO PAULO, SÃO PAULO

ARACY MOEBIUS DE CARVALHO

DIPLOMATA

Era uma vez uma garota brasileira que levava uma vida pacata em Hamburgo, na Alemanha. Aracy acordava de manhã, arrumava o filho para a escola, fazia o café da manhã e lhe dava um beijo na bochecha. Depois, colocava o terninho — ela estava sempre muito arrumada — e ia para o trabalho.

Ela trabalhava no consulado, atendendo pessoas que queriam autorização para se mudarem para o Brasil. Quem a visse andando tranquila pelas ruas da cidade e entrando no escritório não imaginava que Aracy tinha um trabalho muito perigoso. Isso porque estamos falando dos anos 1930, quando a Alemanha era comandada pelos **nazistas**. A chegada deles ao poder tornou a vida na Alemanha e em toda a Europa muito perigosa para algumas pessoas, como os judeus. E muitas delas, em busca de paz, iam pedir ajuda para Aracy.

Aracy ficava muito sensibilizada e queria ajudar, mas havia um problema: o governo brasileiro não gostava dos judeus, por preconceito, e tinha dito que não era para autorizar ninguém cujo passaporte tivesse escrito "judeu". Por ficar muito angustiada com isso, ela teve uma ideia que podia colocar a própria vida em risco: começou a sugerir que as pessoas fizessem passaportes falsos. Assim, Aracy ajudava a conseguir a autorização.

A garota fez isso com várias e várias pessoas que poderiam ter morrido sem a ajuda dela. Algumas dessas famílias mandaram cartas para Aracy depois da guerra, agradecendo por ela ter salvado a vida delas. Ela ganhou o apelido de Anjo de Hamburgo, de tantas pessoas que ajudou. Aracy passou o resto da vida discretamente, sem se gabar dessa grande ação que fez, mas o seu legado até hoje é lembrado.

5 DE DEZEMBRO DE 1908 — 28 DE FEVEREIRO DE 2011

RIO NEGRO, PARANÁ

ILUSTRADA POR
RAY CARDOSO

"SE PUDESSE, FARIA TUDO NOVAMENTE."
— ARACY MOEBIUS DE CARVALHO

BERTHA LUTZ

BIÓLOGA E DIPLOMATA

Era uma vez uma menina que sonhava em se tornar uma importante cientista, em admiração ao trabalho do pai, que era médico e cientista.

Quando era adolescente, Bertha foi morar na Europa para realizar o sonho de se formar bióloga. Enquanto estava lá, conheceu algumas garotas inglesas que não estavam contentes com o que estava acontecendo no mundo. Elas estavam muito bravas porque só os homens podiam votar e faziam passeatas e artigos para os jornais, dizendo que as mulheres também deveriam ter esse direito. Afinal de contas, o governo é o mesmo para os homens e para as mulheres, né?

Bertha achou tudo muito interessante e, quando voltou para casa, decidiu que ia lutar por esse direito para as garotas brasileiras. Ela se juntou a outras meninas rebeldes e fundou um grupo para pressionar os homens que estavam no governo a darem direito ao voto feminino. Mas não foi fácil!

Apesar de muito ocupada com a luta feminista, ela sempre seguiu sua paixão pelos bichos e foi uma bióloga muito importante. Até descobriu uma espécie nova de sapos!

Depois de muitos anos, Bertha e as amigas saíram vitoriosas: as mulheres começaram votar e a serem votadas! Mas ela não se deu por satisfeita, porque ainda havia muitos direitos que precisavam ser conquistados. Bertha, então, virou deputada federal e passou a defender temas relacionados às mulheres, como licença-maternidade e salário igualitário.

Ela também levou a discussão sobre direitos das mulheres para o restante do mundo. Bertha lutou para que na Carta das Nações Unidas, um documento muito importante sobre como os países deveriam agir, todos se comprometessem a conceder os mesmos direitos às mulheres e aos homens.

2 DE AGOSTO DE 1894 – 16 DE SETEMBRO DE 1976

SÃO PAULO, SÃO PAULO

"PARA A MULHER VENCER NA VIDA, ELA TEM QUE SE ATIRAR. SE ERRA UMA VEZ, TEM QUE TENTAR OUTRAS CEM."
— BERTHA LUTZ

ILUSTRADA POR
MARCELLA TAMAYO

F.B.P.F.
FEDERAÇÃO BRASILEIRA
PELO
PROGRESSO FEMININO

BETH CARVALHO

CANTORA

Quando era criança, Beth não sabia, mas um dia a voz dela seria escutada em Marte. Isso mesmo! Lá no espaço. Mas antes de se tornar uma cantora intergaláctica, Beth trabalhou muito aqui na Terra. Bem nova, começou a dar aulas de violão para ajudar a sustentar a casa depois que o pai foi preso por motivos políticos durante a ditadura militar.

Mas o que ela queria mesmo era se dedicar à carreira musical. Então conseguiu participar de festivais importantes e ganhar prêmios durante os anos 1960.

Beth começou a gravar um disco por ano e a fazer muito sucesso com eles. Rapidamente, ela ganhou o título de Madrinha do Samba, por ter inspirado e ajudado vários músicos mais novos do que ela, como Zeca Pagodinho. Nascida no Rio, Beth amava o Carnaval. Ela tinha o coração verde e rosa: as cores oficiais da Mangueira, a sua amada escola de samba. A educação política que recebeu do pai marcou muito a garota. Além de fazer seu samba alegre, Beth sempre foi uma artista engajada em causas sociais.

E aí, num belo dia, ela foi a Marte! Quer dizer, a música dela foi. Uma engenheira brasileira da Nasa decidiu usar a música "Coisinha do pai", um dos sucessos da sambista, para "acordar" um robô que estava trabalhando em território marciano.

Além do reconhecimento espacial, Beth recebeu várias homenagens no mundo todo. Ela foi homenageada pelo Grammy Latino, um dos principais prêmios de música que existem. Até o fim, a Madrinha cantou seu samba. Uma vez, já idosa e com problemas de saúde, ela fez um show todinho deitada. Até que, em 2019, Beth colocou o pandeiro no chão e se despediu do palco da vida.

5 DE MAIO DE 1946 – 30 DE ABRIL DE 2019

RIO DE JANEIRO, RIO DE JANEIRO

"EU SEMPRE SENTI O SAMBA COMO ALGO REVOLUCIONÁRIO. ALEGRIA É RESISTÊNCIA, NÃO É ALIENAÇÃO."
— BETH CARVALHO

ILUSTRADA POR
MARINA BANKER

BIBI FERREIRA

ATRIZ

Certa noite, um ator se deu conta de um problema. Ele estava nos fundos de um teatro e logo, logo a peça começaria. Só que estava faltando uma coisa. Ninguém conseguia achar a boneca do cenário. E agora, como eles fariam a cena em que ela aparece? De repente, uma ideia brilhante veio à mente. O rapaz correu até o camarim, pegou a filha recém-nascida e a levou para o palco, salvando o espetáculo.

Dá para dizer que Bibi praticamente nasceu no teatro. Além de o pai ser ator, sua mãe era bailarina. Enquanto a maior parte dos bebês brincava em quadras e parquinhos, Bibi se divertia nas coxias. Com 3 anos, ela começou a participar de vez dos espetáculos e fez uma turnê pela América Latina com a mãe. Por isso, o primeiro idioma que a menina aprendeu foi o espanhol. Mas, com 7 anos, ela voltou a morar no Brasil e, por aqui, aprendeu a dançar e a cantar. Então decidiu que o legal mesmo seria juntar tudo isso num ofício só. Bibi virou atriz de musicais, conquistando multidões com sua voz potente.

Mas, naquela época, as pessoas preconceituosas diziam que só virava ator quem não queria "trabalhar de verdade". Só que Bibi mostrou para todo mundo que era muito inteligente e que trabalhava bastante. Observadora, ela aprendia vendo nas pessoas o que precisava para suas personagens. Ela foi de grande contribuição para tornar o teatro reconhecido como é hoje.

Bibi continuou se apresentando até falecer, já bem, bem velhinha. Antes disso, ela ficava brava quando perguntavam se ela ia se aposentar. É que, além de tudo, ela tinha um grande amor: o público. E Bibi não o abandonaria jamais.

1º DE JUNHO DE 1922 – 13 DE FEVEREIRO DE 2019

RIO DE JANEIRO, RIO DE JANEIRO

"O PALCO É GRANDE E O TEATRO É INFINITO."
— BIBI FERREIRA

ILUSTRADA POR
BRUNA ASSIS BRASIL

CAROLINA MARIA DE JESUS

ESCRITORA

Era uma vez uma garota que precisou construir a própria casa usando qualquer coisa que encontrasse. Tudo aquilo que as pessoas jogavam fora – madeira, lata, papelão – ela transformava num pedacinho da casa.

Carolina nasceu muito pobre e só pôde ir para a escola por pouquíssimo tempo – mas foi o suficiente para aprender a escrever e pegar gosto pela leitura. Nascida em Minas Gerais, a menina se mudou para São Paulo quando jovem e passou muitas dificuldades. Mas não perdeu a paixão que havia adquirido ainda criança pelos livros e cadernos.

Na casa de um patrão, lia as histórias que achava na biblioteca durante as pausas no trabalho duro de empregada doméstica. E à noite, para sustentar a família, ela saía para catar papel – pelo que conseguia alguns trocados. Quando encontrava cadernos, guardava para escrever neles.

Na sua casinha de madeira, lata e papelão, Carolina morava com os filhos. Ela escrevia sobre o dia a dia da favela do Canindé e sobre outros assuntos importantes para entender o Brasil: a pobreza, a fome e os sentimentos das pessoas que passavam por essas condições. Ela escrevia para ela mesma, porque gostava muito.

Mas um dia Carolina conheceu um jornalista. Ele estava conversando com os moradores para fazer uma reportagem sobre como era a vida por lá. Ela pensou: *Mas isso eu já escrevi!* E mostrou a ele os mais de vinte cadernos que guardava com muito carinho. Ele se impressionou com o jeito como Carolina escrevia e a ajudou a publicar os cadernos em forma de livro.

Quarto de despejo é uma das maiores obras da literatura brasileira! A história da vida dela foi traduzida para mais de treze línguas ao redor do mundo, e a escrita sensível de Carolina inspirou muitas obras de arte de outros artistas e muitos estudos de pesquisadores.

14 DE MARÇO DE 1914 – 13 DE FEVEREIRO DE 1977

SACRAMENTO, MINAS GERAIS

"EU CATO PAPEL, MAS NÃO GOSTO, ENTÃO EU PENSO: FAZ DE CONTA QUE EU ESTOU SONHANDO."
— CAROLINA MARIA DE JESUS

ILUSTRADA POR
GABI TOZATI

CÁSSIA ELLER

CANTORA E COMPOSITORA

Cássia era inquieta e queria abraçar o mundo. Gostava de rock, de MPB, de forró... Ela até pensava em fugir com o circo! Não terminou os estudos, mas trabalhou de muitas coisas diferentes, como cozinheira e secretária, e conseguiu aprender inglês com as músicas da banda Os Beatles. Tocava violão e queria cantar ópera. A menina que fazia e queria tudo se tornou uma das maiores referências da música brasileira.

A mãe de Cássia começou a notar o talento da menina quando ela era pequenininha e cantava com a babá. Na adolescência, deu para a filha um violão, mas a garota tinha vergonha e não quis frequentar uma escola de música. Cássia preferiu se sentar no quarto com um livro e aprender a tocar sozinha. Quando cresceu, começou a se apresentar em bares de Brasília, e foi na cidade que conheceu Maria Eugênia, o grande amor da sua vida, com quem teve um filho, o Chicão. Mas nada de a carreira musical da Cássia decolar...

Até que um disco foi parar nas mãos de uma gravadora que topou apostar nela. E deu muito certo! Logo ela estava recebendo convites para gravar músicas de vários compositores incríveis e lotando os shows. Um dia, porém, Chico disse que a mãe cantava alto demais. Cássia achou graça e decidiu mudar o estilo: ela gostava de tantas coisas diferentes, por que não? Gravou um álbum só com violão mesmo e ganhou o Grammy Latino.

Em 2001, Cássia fez o maior show de sua vida, para 200 mil pessoas, no Rock in Rio. Ela acabou indo embora cedo demais, nesse mesmo ano, porque tinha um problema no coração que ninguém sabia que estava lá. Mas ela continuou sendo ouvida, homenageada e lembrada como uma das grandes vozes do Brasil.

10 DE DEZEMBRO DE 1962 – 29 DE DEZEMBRO DE 2001

RIO DE JANEIRO, RIO DE JANEIRO

ILUSTRADA POR
SOPHIA ANDREAZZA

"O ÚNICO RÓTULO
QUE ADMITO É O DE
CANTORA POPULAR."
— CÁSSIA ELLER

CHICA DA SILVA

FIGURA HISTÓRICA

Era uma vez uma garota que nasceu escravizada. Filha de mãe negra e pai branco, Chica veio ao mundo num Brasil onde as pessoas negras e mestiças eram consideradas propriedade. Na dura vida que levava, a menina às vezes se pegava sonhando com os belos vestidos esvoaçantes das mocinhas livres. Como seria se ela, Chica, pudesse viver aquilo?

Um dia, Chica conheceu um homem muito rico, um português chamado João Fernandes. Ele comprou a jovem como escravizada, mas os dois se apaixonaram, e Chica virou uma mulher livre. Ela ficou mais de quinze anos ao lado do companheiro e teve treze filhos com ele. Chica passou a viver como sempre imaginou: tinha os vestidos mais bonitos da cidade! Numa época em que as pessoas negras eram ainda mais marginalizadas no Brasil, ela conseguiu entrar no mundo da elite e ganhar espaço. Ela virou uma das pessoas mais importantes de Diamantina, Minas Gerais, e passou também a cuidar dos negócios de João quando ele voltou para Portugal, levando com ele os filhos homens do casal. Chica ficou no Brasil com as filhas e, quando morreu, foi enterrada numa igreja muito chique.

A história de Chica foi contada milhares de vezes desde então. Muitas vezes a menina foi retratada, por conta do preconceito, como uma pessoa má, que maltratava os outros. Mas a verdadeira Chica foi uma mãe dedicada, que passava muito tempo se preocupando com a educação dos filhos e das filhas. E era a menina que conseguiu viver o sonho de alcançar um lugar que a sociedade dizia ser impossível por causa da cor de sua pele.

1732 – 15 DE FEVEREIRO DE 1796
SERRO, MINAS GERAIS

ILUSTRADA POR
ANA GENEROSO

CHIQUINHA GONZAGA

MUSICISTA

Há muitos e muitos anos, no Rio de Janeiro, viveu uma mulher que desafiou a sociedade. Quando Chiquinha nasceu, as mulheres não podiam escolher uma profissão – o papel delas era cuidar da casa e do marido.

Por um tempo, foi isso o que aconteceu com ela: a menina se casou aos 16 anos com um homem escolhido pelo pai. Mas ela percebeu rapidinho que não era a vida de dona de casa que queria viver: gostava mesmo era do piano, que aprendeu a tocar quando criança.

Naquele tempo, era essencial saber tocar algum instrumento para ser uma "menina prendada" – mas só era permitido que se apresentasse para a família. Imagine uma mulher querer viver de música? Seria um escândalo! Pois foi exatamente isso que Chiquinha fez. Corajosa, ela abandonou o marido e passou a se sustentar sozinha, dando aulas de piano.

E foi com o instrumento que ela fez história. Chiquinha, que era filha de pai branco e mãe negra, se tornou a primeira mulher a reger uma orquestra no Brasil. Isso causou até uma confusão nos jornais quando a primeira peça dela entrou em cartaz. É que ela era tão pioneira que os repórteres ficaram sem saber como escrever sobre ela, porque não existia uma versão feminina da palavra "maestro".

Chiquinha adorava o Carnaval e, um dia, decidiu passear no barracão onde o cordão Rosa de Ouro ensaiava. Ela pensou que seria muito legal se o bloco tivesse uma música original para chamar de sua, então decidiu compor ali mesmo. Sentou-se ao piano e começou a cantar: "Ó abre alas, que eu quero passar! Eu sou da lira, não posso negar!". E assim, como num passe de mágica, estava criada a primeira marchinha de Carnaval com letra do Brasil.

17 DE OUTUBRO DE 1847 – 28 DE FEVEREIRO DE 1935
RIO DE JANEIRO, RIO DE JANEIRO

ILUSTRADA POR
BRUNNA MANCUSO

"POIS, SENHOR
MEU MARIDO,
EU NÃO ENTENDO A
VIDA SEM HARMONIA."
— CHIQUINHA GONZAGA

CLARICE LISPECTOR

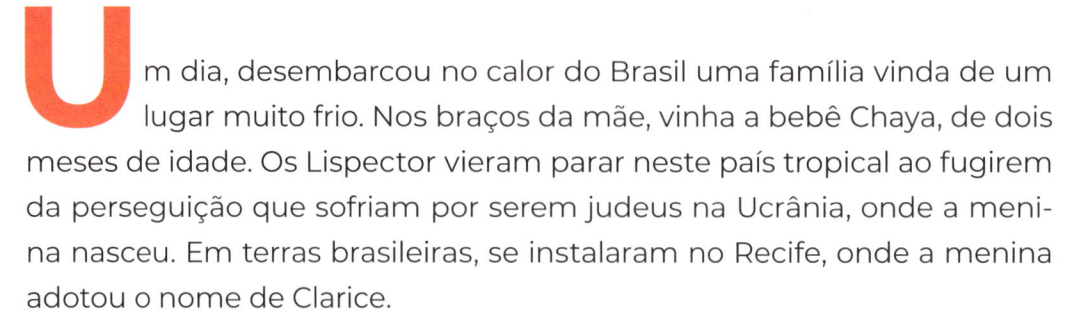

ESCRITORA

Um dia, desembarcou no calor do Brasil uma família vinda de um lugar muito frio. Nos braços da mãe, vinha a bebê Chaya, de dois meses de idade. Os Lispector vieram parar neste país tropical ao fugirem da perseguição que sofriam por serem judeus na Ucrânia, onde a menina nasceu. Em terras brasileiras, se instalaram no Recife, onde a menina adotou o nome de Clarice.

Desde criança, Clarice gostava de ler e de escrever. Com 7 anos, a pequena já mandava contos para os jornais. Ela era tímida, mas também muito determinada. Mandava suas histórias porque sabia que elas eram muito boas. Clarice gostava de escrever não sobre os fatos do mundo, mas sobre as sensações, os sentimentos das pessoas e tudo o que a gente tem dentro de nós.

Ela escrevia de tudo: histórias curtas, longas, para adultos e para crianças. O que a interessava eram as pessoas e como elas viam o mundo e interagiam com ele. Assim como a própria escritora, os livros da Clarice também rodaram o mundo, sendo traduzidos em dezenas de países e para diversos idiomas.

Apesar de ter dedicado a vida à literatura, Clarice não se considerava escritora profissional. É que ela acharia muito chato ver a escrita como se fosse um trabalho. Gostava de escrever quando estava inspirada, quando achava que tinha o que dizer. Fazer isso para sobreviver ia estragar todo o prazer para ela.

Ela escreveu até o fim da vida, e pouco antes de morrer, publicou *A hora da estrela*, uma de suas obras-primas. Aquela menina ucraniana virou brasileira e se tornou uma das mais adoradas escritoras do país.

10 DE DEZEMBRO DE 1920 – 9 DE DEZEMBRO DE 1977

CHECHELNYK, UCRÂNIA

perder-se também é caminho

"NADA POSSO FAZER: PARECE QUE HÁ EM MIM UM LADO INFANTIL QUE NÃO CRESCE JAMAIS."
— CLARICE LISPECTOR

ILUSTRADA POR ANNA CHARLIE

CONCEIÇÃO EVARISTO

ESCRITORA

Conceição se apaixonou por histórias ainda criança. A mãe da menina não sabia ler — mas pegava as coloridas ilustrações de gibis e inventava contos fantásticos, que deixavam a pequena maravilhada.

Sua mãe, Joana, queria muito que a filha aprendesse a ler. Na favela onde elas moravam, junto dos vários irmãos de Conceição, havia duas escolas. Só que faltavam professores e as aulas não eram boas... A mãe dela tinha medo de que a garota não conseguisse aprender. Ela tinha só 8 anos quando precisou começar a ajudar a família a pagar as contas de casa. Trabalhou como empregada doméstica, lavou roupas e foi até babá — uma criança cuidando de outra.

Mas a menina nunca parou de sonhar com as histórias que a mãe lhe contava e de querer aprender. Então, ela foi estudar em um colégio bem longe, num bairro rico de Belo Horizonte.

Foi lá que a menina percebeu pela primeira vez o preconceito por causa da cor de sua pele. Na escola, as crianças brancas e ricas ficavam numa sala. E as negras e pobres, em outra, no porão.

No entanto, Conceição cresceu, se mudou para o Rio de Janeiro, fez faculdade, mestrado e doutorado e continuou a amar histórias. Tanto que começou a escrevê-las! Mas ela queria escrever histórias que ajudassem na luta pelos direitos das pessoas negras.

Ela gosta de escrever romances, que são histórias longas; contos, que são histórias curtas; e poemas. A garota, que amava gibis, ganhou vários prêmios e virou uma das maiores escritoras do país, inspirando um monte de meninas e mulheres a amarem histórias também.

NASCIDA EM 29 DE NOVEMBRO DE 1946

BELO HORIZONTE, MINAS GERAIS

"A POESIA É A SENHA QUE INVENTO PARA PODER ACESSAR O MUNDO."
— CONCEIÇÃO EVARISTO

ILUSTRADA POR
MARINA VENANCIO

DAIANE DOS SANTOS

GINASTA

É impossível assistir a uma apresentação de Daiane sem se arrepiar. A garota, que tem só 1,46 metro, fazia coisas tão incríveis que parecia estar voando. E olha que ela começou "tarde"! Daiane só foi descoberta aos 11 anos, em um esporte em que as meninas costumam começar bem pequenininhas. Mas rapidinho ela já estava mostrando o seu talento para o mundo.

Quando tinha 16 anos, Daiane se tornou uma estrela. Ela não só ganhou o campeonato mundial de ginástica, como também foi a primeira brasileira e a primeira garota negra a fazer isso! Para completar, foi nesse campeonato que a menina mostrou pela primeira vez o seu "duplo twist carpado". Esse é um salto muito difícil, em que a atleta gira duas vezes no ar. Ninguém tinha feito antes e, por isso, ele passou a ser chamado de "Dos Santos".

A partir de então, Daiane só brilhou. Ela ganhou mais três mundiais e participou de várias Olimpíadas. Mas, apesar de tudo isso, Daiane também enfrentou muito preconceito durante sua carreira. Ela conta que até companheiras de seleção não queriam usar o mesmo banheiro que ela. Porém, para nossa sorte, nada disso fez Daiane desistir do seu sonho de ser uma grande ginasta. E ela não se contentou em ter só um salto com o nome dela. Ela conseguiu fazer um ainda mais difícil, o "duplo twist esticado", que ganhou o nome de "Dos Santos 2"!

Além dos saltos, a marca registrada de Daiane era levar o Brasil para qualquer ginásio em que estivesse. A garota costumava se apresentar ao som de músicas tradicionais brasileiras, sempre arrancando muitos aplausos da plateia.

Depois de se aposentar, Daiane virou comentarista de esporte. A ginasta, que inspirou uma geração de meninas negras a entrar no esporte, segue incentivando novos talentos.

NASCIDA EM 10 DE FEVEREIRO DE 1983
PORTO ALEGRE, RIO GRANDE DO SUL

"POR MEIO DO ESPORTE A GENTE CONSEGUIU MOSTRAR A CULTURA BRASILEIRA, TÃO BONITA E TÃO RICA, PARA O MUNDO TODO."
— DAIANE DOS SANTOS

ILUSTRADA POR
GABRIELA SAKATA

DANDARA DOS PALMARES

ABOLICIONISTA

Era um dia comum na comunidade dos Palmares, até que alguém deu um grito de alerta: "Os portugueses estão vindo!". Dandara, que trabalhava na plantação, sabia o que era preciso fazer. Correu para as armas e liderou as forças dos quilombolas contra a ameaça.

Essa era Dandara dos Palmares, uma das mulheres mais importantes da luta contra a escravidão no Brasil. Ninguém sabe ao certo quando ou onde ela nasceu, mas a garota chegou cedo ao **Quilombo** dos Palmares. Num Brasil onde a população negra era escravizada, Palmares era um **oásis**. Ali, aqueles que tinham conseguido fugir da vida de privações nas fazendas dos portugueses eram livres e construíam as próprias trajetórias.

Dandara logo assumiu uma posição de liderança. Ela virou também uma grande caçadora e sabia usar uma arma tão bem quanto qualquer homem!

Dandara e o líder mais famoso da história dos Palmares, Zumbi, se apaixonaram. Eles tiveram três filhos, e a garota virou uma grande conselheira. Muito inteligente e observadora, ela participava também das reuniões sobre as estratégias de defesa do quilombo.

Os portugueses continuavam tentando derrotar os moradores do quilombo. Eles achavam um absurdo existir uma comunidade de negros livres ali, no meio do território que controlavam. Finalmente, um dia, eles conseguiram invadir Palmares. Nessa ocasião, Dandara foi presa. Mas a guerreira se recusava a aceitar que alguém pudesse tratá-la como um objeto, como uma escravizada. Ela então fez o seu último ato de combate: parou de comer. Dandara, que até hoje é símbolo da luta contra o racismo e a escravidão, preferiu morrer a perder a sua liberdade novamente.

SÉCULO 17

BRASIL

ILUSTRADA POR
MARIA AUGUSTA
SCOPEL BOHNER

DÉBORA SEABRA

PROFESSORA

Quando Débora cruzou as portas da escola, sentiu um friozinho na barriga, daqueles bons, de que algo legal ia acontecer. A garota estava animada de voltar para o colégio onde havia estudado. Dessa vez, ela seria a professora. Ninguém na escola sabia o que esperar dessa volta. É que a Débora tem síndrome de Down, que significa que ela nasceu com uma condição **genética** um pouco diferente da maioria das pessoas. E nunca antes uma pessoa com essa síndrome havia se tornado professora.

Logo a apreensão deu lugar à tranquilidade e à felicidade na escola de Natal, no Rio Grande do Norte. Débora mostrou que era ótima com crianças e que tinha todas as habilidades para ajudar as professoras da escola. E os alunos amam a professora "diferente"! Os pais da escola sempre contam que os filhos chegam em casa animados falando da "tia Débora". Na escola, ela ajuda meninas e meninos de 5 anos a passearem e a irem ao banheiro, conta histórias e faz muitas outras coisas. Ela é tão boa em contar histórias, aliás, que até lançou um livro com as próprias criações! Nas histórias de Débora, Sandra, uma menina que mora na fazenda, precisa resolver problemas com os bichinhos.

Uma vez, quando ela já trabalhava na escola havia um tempão, Débora ficou sabendo que uma moça havia feito um comentário preconceituoso sobre ela, ao perguntar como é que uma pessoa com síndrome de Down podia ser professora e o que ela poderia ensinar. Débora não teve dúvidas e respondeu "na lata", para todo mundo saber: "Eu ensino muitas coisas para as crianças. A principal é que elas sejam educadas, tenham respeito pelas outras, aceitem as diferenças de cada uma".

NASCIDA EM 15 DE JULHO DE 1981

NATAL, RIO GRANDE DO NORTE

"EU AJUDO A EDUCAR E A INCLUIR TODO MUNDO, ENSINO QUE ELES NÃO PODEM BRIGAR, QUE PRECISAM DIVIDIR BRINQUEDOS, MATERIAIS DE AULA E ACEITAR TODAS AS CRIANÇAS COMO ELAS SÃO."
— DÉBORA SEABRA

ILUSTRADA POR
SOPHIA ANDREAZZA

DILMA ROUSSEFF

EX-PRESIDENTA

Dilma tinha 17 anos quando viu acontecer um momento histórico no Brasil. Naquele ano, começou a ditadura militar. E a menina mineira, que pensava em ser bailarina ou bombeira, decidiu mudar de rumo. Ela acreditava que era preciso lutar para devolver a democracia ao país. Mas, na época, essa luta era proibida pelo governo, então Dilma teve que entrar para a clandestinidade, fazendo tudo escondido.

Nas organizações, ganhou vários nomes. Virou Estela, depois Luiza, Maria Lúcia e Wanda. Isso porque, quando algum colega ia preso, as pessoas precisavam trocar de nome para não terminarem na mesma situação. Só que um dia, a polícia chegou até Dilma. Ela foi levada para uma prisão muito ruim e colocada numa torre — que, por só ter mulheres, foi apelidada de Torre das Donzelas. Os policiais não tratavam bem as presas, e Dilma foi muito machucada.

Ela conseguiu sair da cadeia alguns anos depois e decidiu se mudar para o Rio Grande do Sul para fazer faculdade. Mas, em vez de bailarina, virou economista! Dilma teve uma filha e, por um tempo, não participou abertamente da política. Como ela tinha uma vocação, não conseguiu ficar longe do que amava. Quando a ditadura perdeu força, ela começou a trabalhar nos governos gaúchos progressistas, que queriam terminar de derrubar o regime.

Na democracia, Dilma foi ministra e se aproximou de Lula, então presidente da época, e foi escolhida para ser a sucessora dele. Dilma ganhou a eleição para presidente duas vezes! Ela se tornou a primeira mulher eleita presidenta no Brasil, mas não chegou a terminar o segundo mandato, porque sofreu um **impeachment**.

Atualmente, Dilma continua na política, trabalhando pelos valores da democracia que sempre defendeu.

NASCIDA EM 14 DE DEZEMBRO DE 1947

BELO HORIZONTE, MINAS GERAIS

ILUSTRADA POR
CAMILA FERREIRA

"VENHO PARA ABRIR PORTAS PARA QUE MUITAS OUTRAS MULHERES TAMBÉM POSSAM, NO FUTURO, SER PRESIDENTAS; E PARA QUE – NO DIA DE HOJE – TODAS AS BRASILEIRAS SINTAM O ORGULHO E A ALEGRIA DE SER MULHER."
— DILMA ROUSSEFF

DJAMILA RIBEIRO

FILÓSOFA E ESCRITORA

Um dia, a pequena Djamila se perguntou uma coisa: por que, nos programas aos quais ela gostava de assistir na televisão, não havia ninguém parecido com ela? As apresentadoras eram todas loiras — nenhuma garota com a pele negra como a sua tinha voz ali.

Ela entendeu, naquele momento, por que o seu pai, que era inteligente e entendia muito de política, não gostava que ela assistisse aos programas. Ele incentivava que ela estudasse e entendesse o mundo à sua volta. Por influência dele, Djamila se interessou por política e pelo combate ao racismo — motivo pelo qual não via garotas negras como ela nos espaços nobres da TV.

Ela decidiu estudar filosofia. Na faculdade, continuou interessada em entender questões ligadas à negritude. Lá, enfrentou várias dificuldades, porque os professores brancos não entendiam a importância daquele tema. Eles achavam que ela devia estudar outra coisa e não se preocupar com aquilo. Mas era impossível: Djamila *vivia* aquilo.

Com o tempo e muita dedicação, ela se tornou uma voz ativa contra o racismo e também uma estudiosa das questões **étnico-raciais** brasileiras. Ela encontrou mais e mais pessoas que queriam ouvir e falar sobre isso. Hoje, Djamila é uma das principais vozes do movimento negro — e uma acadêmica muito bem-sucedida, além de ter mais de 1 milhão de pessoas que querem ouvir o que ela tem a dizer nas redes sociais.

Para que mais gente ainda pudesse ouvir a voz dela, os livros de Djamila foram traduzidos para outras línguas. A menina, que não via sua voz representada na TV, se tornou ela própria uma voz que ressoa ao redor do mundo.

NASCIDA EM 1º DE AGOSTO DE 1980

SANTOS, SÃO PAULO

"O FEMINISMO DEVE CONTEMPLAR TODAS AS MULHERES, É NECESSÁRIO PERCEBER QUE NÃO DÁ PARA LUTAR CONTRA UMA OPRESSÃO E ALIMENTAR OUTRA."
— DJAMILA RIBEIRO

ILUSTRADA POR
THAMILES BRITO

DONA IVONE LARA

CANTORA E COMPOSITORA

Yvonne era uma jovem enfermeira quando chegou a um hospital do Rio de Janeiro para trabalhar com a médica Nise da Silveira. Elas tinham uma missão difícil: mudar o jeito como os pacientes com doenças mentais eram tratados. Naquele tempo, o costume era maltratá-los, fingir que nem eram pessoas. Juntas, elas deram um fim a isso, e usaram as artes para tentar fazer as pessoas melhorarem. A doutora Nise gostava de fazer com que os pacientes pintassem. Vendo isso, um dia Yvonne pensou: *E se a gente tocasse música?*, e pediu para a médica montar uma sala de instrumentos no hospital.

Yvonne, ou melhor, Dona Ivone, como ficou conhecida, tinha uma relação forte com aquilo. Desde criança, a menina ia para as escolas de samba e as rodas de música. Mas as mulheres não tinham espaço para criar música e, por isso, Yvonne decidiu encontrar outra profissão. Ela amava ser enfermeira, mas era nos fins de semana, quando ia para o samba, que a menina se encontrava. Com o nome artístico Ivone, ela começou a compor as próprias canções. Logo, fez o que nenhuma mulher havia conseguido até então: entrou na ala de compositores de uma escola de samba. Na Império Serrano, uma das maiores do Carnaval do Rio de Janeiro, ela se tornou a primeira mulher a assinar um samba-enredo, que é a música que a escola toca no desfile na avenida.

Dona Ivone virou uma lenda do samba. Depois de anos trabalhando como enfermeira, ela decidiu se dedicar só à paixão pela música. "Sonho meu", uma de suas maiores composições, é um grande hino do samba. Dona Ivone Lara tornou-se tão importante que, em 2012, em vez de escrever o samba-enredo, foi tema do próprio samba! A sua escola do coração, a Império Serrano, desfilou na Sapucaí com o tema "Dona Ivone Lara". Existe troféu maior do que esse?

13 DE ABRIL DE 1921 – 16 DE ABRIL DE 2018

RIO DE JANEIRO, RIO DE JANEIRO

ILUSTRADA POR
THE KARYNNE

"SEMPRE FUI OBEDIENTE/
MAS NÃO PUDE RESISTIR/
FOI NUMA RODA DE SAMBA/
EU JUNTEI-ME AOS BAMBAS/
PARA ME DISTRAIR."
— DONA IVONE LARA

DORINA NOWILL

PROFESSORA

Um dia, Dorina acordou de manhã, se espreguiçou na cama, abriu os olhos e... não viu nada. A garota de 17 anos havia ficado cega por causa de uma doença cuja causa os médicos nunca conseguiram descobrir. Ela havia acabado de terminar o ensino médio e precisou se adaptar à nova realidade como uma pessoa com deficiência (PcD).

Dorina, que queria ser professora, se tornou a primeira pessoa com deficiência visual aceita numa escola regular no Brasil. Antigamente, as pessoas com deficiência só podiam estudar em escolas próprias para elas, e aquelas que não enxergavam tinham muita dificuldade de aprender porque não existiam livros adaptados para elas. Mas Dorina conseguiu se formar e virar professora.

Ela decidiu que ia trabalhar para diminuir as dificuldades para as próximas pessoas que, como ela, quisessem estudar. Então foi para os Estados Unidos e se especializou em educação para pessoas cegas. De volta ao Brasil, Dorina fundou a primeira editora a publicar livros em Braille, a língua que dá para ler com as mãos.

Dorina começou a trabalhar para conquistar outros direitos para as pessoas cegas. Ela foi presidente do Conselho Mundial para o Bem-Estar dos Cegos, fundou projetos de acessibilidade em vários estados do Brasil e até discursou na Assembleia Geral da ONU! Ela também achava muito importante dar treinamento para as pessoas cegas desenvolverem outras habilidades e entrarem no mercado de trabalho e fez questão de incluir essa capacitação nos seus projetos. Há mais de sete décadas, a Fundação Dorina Nowill tem se dedicado à inclusão social das pessoas cegas e com baixa visão.

Pioneira na inclusão, Dorina é homenageada até hoje. Ela é reconhecida mundialmente como grande educadora e ativista das pessoas com deficiência visual.

28 DE MAIO DE 1919 – 29 DE AGOSTO DE 2010

SÃO PAULO, SÃO PAULO

ILUSTRADA POR
CAROLINE BOGO

"NA ESCADA DA VIDA, OS DEGRAUS SÃO FEITOS DE LIVROS."
— DORINA NOWILL

ELIETE PARAGUASSU

ATIVISTA

Era uma vez uma garota nascida e criada no paraíso. A areia branquinha, o mar quente e azul e o sol brilhante durante praticamente o ano inteiro sempre fizeram parte do cenário da vida de Eliete. A menina nasceu numa comunidade de pescadores da Ilha da Maré, em Salvador.

Ela é quilombola, descendente de grupos de escravizados que conseguiram se libertar antes da abolição e que criaram as próprias comunidades. A garota se tornou, como era tradição das mulheres da sua família, pescadora e marisqueira: uma mulher das águas, nome que ela mesma se dá.

Mas os turistas, que invejam a vida em uma praia paradisíaca, não veem as dificuldades que a comunidade da garota precisa enfrentar. O bairro de Eliete, o mais negro de Salvador, é cercado por estações de petróleo e indústrias químicas. Essas empresas produzem coisas muito valiosas e também muito poluentes. O lixo delas contamina as águas e adoece as pessoas.

Um dia, uma cientista apareceu na Ilha. Ela queria estudar como a poluição estava afetando as crianças. Foi aí que Eliete descobriu que a sua filha também havia sido contaminada e isso era muito sério. Ela sabia que precisava tomar alguma providência: não era justo que eles trabalhassem duro sob o sol, na terra que ocupavam há muitos e muitos anos, e suas crianças estivessem ficando doentes por culpa de quem chegou depois. Ela começou a lutar pelos direitos dela, da filha e das outras pessoas da comunidade.

Assim, ela passou a denunciar o que as companhias estavam fazendo. Quando elas não respeitavam as leis, Eliete estava lá. Uma tarefa difícil, mas a voz de Eliete foi ouvida, inclusive em Paris, onde falou sobre a importância dos povos quilombolas na preservação do planeta. Em 2022, ela se candidatou a deputada estadual e agora atua como suplente. Enquanto puder, a mulher das águas não vai parar de defender o seu direito de viver em paz no paraíso.

NASCIDA EM 31 DE OUTUBRO DE 1979

SALVADOR, BAHIA

ILUSTRADA POR
AMANDA LOBOS

"DEVEMOS RESPEITAR QUEM CUIDA DO MEIO AMBIENTE. NÃO PODEMOS RIFAR O MEIO AMBIENTE EM NOME DA GANÂNCIA, COMO SE A VIDA DAS PESSOAS NÃO IMPORTASSE."
— ELIETE PARAGUASSU

ELIS REGINA

CANTORA

Era uma vez uma menina que amava cantoras de rádio e usava óculos com lentes muito fundas. Ela se chamava Elis, mas seu apelido era Lilica. Ela vivia em Porto Alegre e tinha um sonho. *Quero ser cantora e estar na rádio também*, ela pensava enquanto ouvia o aparelhinho.

Quando Elis tinha 7 anos, a mãe dela perguntou se ela queria ir a um programa de rádio para crianças chamado Clube do Guri. A menina queria muito, mas era tímida demais. No dia, Lilica ficou tão nervosa que não conseguiu cantar nadinha.

Mas a garota não desistiu do sonho de ser cantora. Ainda bem! Quando voltou ao Clube, aos 11 anos, cantou lindamente e até ganhou um prêmio! O pessoal do programa gostou tanto da voz dela que Elis passou a se apresentar sempre lá.

Ela cresceu, e o seu talento também. Elis se mudou para o Rio de Janeiro e virou uma das cantoras mais famosas da história do Brasil. Ela participou de festivais, apresentou programas de televisão e gravou algumas das maiores canções da música popular brasileira.

Mas, além de cantar, Elis também era conhecida por falar o que pensava e, por isso, ganhou um novo apelido. De Lilica, virou "Pimentinha". Ela era muito autêntica e não gostava de ser comparada a ninguém. Ao mesmo tempo, adorava descobrir novos compositores e ajudar quem estava começando.

A voz de Elis era tão linda e potente que, quando fez um show com seu amigo Gilberto Gil, cantou tão bem que ele brincou: "Como é que eu vou cantar isso agora?".

Pimentinha passou bem rápido por este mundo: ela morreu em São Paulo quando tinha 36 anos. Mas a música dela continua sendo ouvida e muito querida por todos.

17 DE MARÇO DE 1945 – 19 DE JANEIRO DE 1982

PORTO ALEGRE, RIO GRANDE DO SUL

ILUSTRADA POR
MARCELLA TAMAYO

"A MÚSICA É MEU ARCO, MINHA FLECHA, MEU MOTOR, MEU COMBUSTÍVEL E MINHA SOLIDÃO. AMIGO, CANTAR É UM ATO QUE SE COMETE ABSOLUTAMENTE SÓ E EU ADORO."
— ELIS REGINA

ELLEN GRACIE

JURISTA

Era o fim do ano 2000, quando a chuva já começava a cair sobre Brasília, depois de quase seis meses de seca. Isso acontecia todos os anos, e a volta da água era sempre comemorada. Mas aquele dia era ainda mais especial. Foi nele que, pela primeira vez, uma mulher foi escolhida para fazer parte do **Supremo Tribunal Federal**, a mais alta corte do país.

A pioneira é Ellen. Ela é carioca, mas estudou direito e trabalhou no Rio Grande do Sul durante quase toda a vida. Conhecida por ser muito competente e até mesmo rígida nas suas decisões, ela estava animada e também preocupada com o peso de ser a primeira mulher no tribunal. Ellen sabia o quanto isso era importante: naquela época, já havia muitas advogadas no Brasil, e, mesmo assim, nunca haviam vestido a imponente roupa preta que os ministros usam nos julgamentos.

Ellen tirou de letra a função. Ela participou de julgamentos importantes e era muito dedicada. Não é que fosse fácil ser a única mulher da turma, pelo contrário: não havia nem banheiro feminino perto da sala onde aconteciam os julgamentos! Afinal, nunca haviam precisado de um antes. Mas Ellen nunca se deixou intimidar pelos preconceitos de outras pessoas.

Em 2006, ela quebrou mais uma barreira e se tornou a primeira mulher a presidir o tribunal! Durante a gestão dela, Ellen modernizou muita coisa lá dentro. Depois de mais de uma década no Supremo Tribunal Federal, Ellen pediu a aposentadoria. Apesar de toda a apreensão daquele começo, ela sabia que sua missão estava cumprida. A primeira mulher ministra do Supremo Tribunal Federal abriu espaço para as ministras que a seguiram e as muitas outras que ainda virão.

NASCIDA EM 16 DE FEVEREIRO DE 1948
RIO DE JANEIRO, RIO DE JANEIRO

ILUSTRADA POR
INA CAROLINA

"NÓS QUEREMOS OCUPAR 50% DOS CARGOS, NÓS SOMOS 50% DA POPULAÇÃO E ESTAMOS CAPACITADAS."
— ELLEN GRACIE

ELZA SOARES

CANTORA

Era uma vez uma menina com uma vida muito difícil. Elza nasceu numa família muito pobre do Rio de Janeiro e com 12 anos foi obrigada a se casar com um homem muito mais velho.

Ele a tratava muito mal, mas ela não via outra saída, a não ser seguir com sua vida – teve um filho, depois outro, depois outro... A família era tão pobre que nem sempre tinha o que comer. Elza passava o dia cuidando das crianças e da casa e, de vez em quando, tinha que trabalhar como lavadeira e encaixotadora para ajudar a sustentar os meninos.

Por vezes, Elza se lembrava do seu sonho secreto: ser cantora. Com 16 anos, decidiu tentar a sorte. Foi escondida para um programa de calouros em uma rádio famosa da época, a Tupi, e ganhou o prêmio em primeiro lugar! Por causa disso, começaram a surgir oportunidades na vida dela. Elza foi contratada por uma orquestra!

Só que os desafios não pararam por aí. Quando tinha 21 anos, ficou viúva, com quatro filhos pequenos para cuidar. Apesar disso, a garota da voz rasgante e cheia de **swing** não desistiu de cantar. E conseguiu o que sempre quis: viver de música.

Mesmo depois de ficar famosa, Elza sofria com um outro mal: o racismo. Ela contava que até já tentaram impedi-la de se hospedar num hotel por causa da cor de sua pele. Mas Elza não deixou barato e se tornou uma grande voz contra o preconceito. "Não deixei que situações como essa me colocassem para baixo. Jamais. O racismo não me derrubou."

Com a música, a menina pobre da favela carioca viajou o mundo, criou os filhos, cantou para multidões e foi considerada a "voz do milênio". Elza viveu o sonho até o fim, cantando e fazendo shows. Aos 91 anos, ela apagou a luz e, em paz, deixou o palco e a vida.

23 DE JUNHO DE 1930 – 20 DE JANEIRO DE 2022

RIO DE JANEIRO, RIO DE JANEIRO

ILUSTRADA POR
PAULA CRUZ

"EU ME SINTO MARAVILHOSA. NASCI NEGRA, ME ORGULHO DE SER UMA MULHER NEGRA, POR TER VENCIDO. SOU NEGRA E MARAVILHOSA. ELZA SOARES. A DEUSA, A NEGRA."
— ELZA SOARES

ENEDINA ALVES MARQUES

ENGENHEIRA

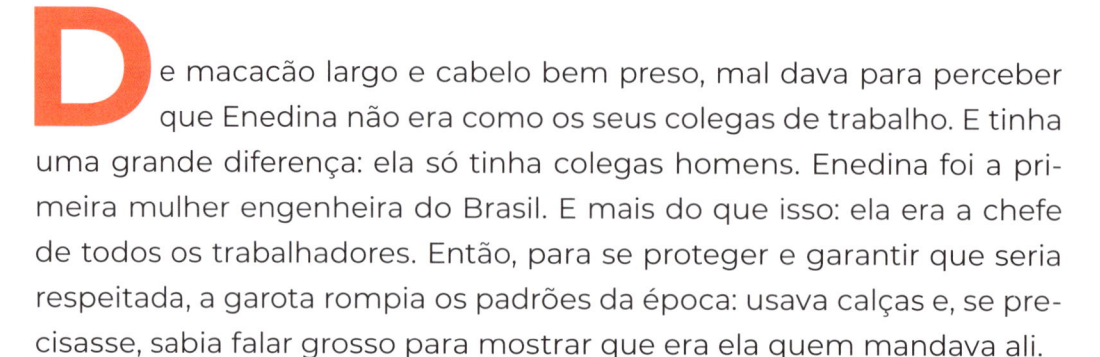

De macacão largo e cabelo bem preso, mal dava para perceber que Enedina não era como os seus colegas de trabalho. E tinha uma grande diferença: ela só tinha colegas homens. Enedina foi a primeira mulher engenheira do Brasil. E mais do que isso: ela era a chefe de todos os trabalhadores. Então, para se proteger e garantir que seria respeitada, a garota rompia os padrões da época: usava calças e, se precisasse, sabia falar grosso para mostrar que era ela quem mandava ali.

Enedina sempre precisou ser firme assim. Ela nasceu não muito tempo depois da abolição da escravidão, e sua mãe era empregada doméstica na casa de um delegado. O patrão tinha uma filha da idade de Enedina e, para que elas fizessem companhia uma a outra, ele matriculou a garota na mesma escola da filha. Assim, ela aprendeu a ler e virou professora. Depois de um tempo, decidiu voltar a estudar e entrou no curso de engenharia da Universidade do Paraná. Única mulher e negra da turma, ela sofreu com o preconceito dos colegas. Mas Enedina nunca deixou o racismo a impedir de realizar seus sonhos. Vestiu a beca, pegou o diploma e comemorou mais uma vitória.

Depois disso, a garota começou a trabalhar como engenheira. Com rapidez, ela passou a supervisionar equipes de homens e a assumir projetos importantes. Um dos maiores feitos de Enedina foi a construção de uma usina hidrelétrica, que usa a água para fazer luz elétrica – e que, até hoje, é uma das maiores do país.

Enedina morreu há muitos anos, mas o legado dela continua. Ela recebeu homenagens e virou até nome de rua e de **coletivos** de mulheres negras que se inspiram na história pioneira dela.

13 DE JANEIRO DE 1913 – 20 DE AGOSTO DE 1981

CURITIBA, PARANÁ

ILUSTRADA POR
CLARA GASTELOIS

ESTER CARRO

ARQUITETA

Em casa, uma menina folheava revistas velhas que a avó tinha trazido da casa dos patrões. Via nas páginas formas bonitas, prédios e jardins e sonhava em ser arquiteta para poder dar vida àquelas coisas. A garota se perguntava por que as paredes da sua casa não tinham nem acabamento... Ela sonhava acordada, pensando em melhorar as condições de vida na sua comunidade — esse sonho era o que a mantinha empenhada na escola.

Ester nasceu no Jardim Colombo, um bairro pobre de São Paulo, onde havia a fazendinha do seu Chico, um espaço com plantas, vacas e cavalos. Mas, quando ele ficou doente e parou de criar os animais, os moradores começaram a usar o espaço para jogar lixo. Rapidinho, o único lugar agradável para as crianças brincarem se perdeu, e Ester ficou muito triste com isso.

Quando cresceu, a menina conseguiu, com muito esforço, virar arquiteta. Ela decidiu então que ia recuperar a fazendinha do seu Chico e transformá-la num parque para as crianças do bairro. Ela se juntou a outros moradores e, durante dois anos, eles tiraram todo o lixo de lá. Depois, começaram a aproveitar tudo o que dava para deixar o parque bonitinho. Fizeram bancos com pneus velhos e até transformaram uma geladeira pifada em uma biblioteca comunitária! Assim nasceu o Fazendinhando, um projeto criado pela Ester, que devolveu um pouco de cor ao bairro.

Mas, quando veio a pandemia, a garota sabia que precisava ir além. Ela começou a ajudar as mulheres da comunidade a fazerem reformas. Com as habilidades que aprenderam, muitas delas conseguiram não só melhorar as próprias casas, mas também arrumar empregos melhores! Todos os dias, Ester ajuda a sua comunidade a crescer e a progredir.

SÃO PAULO, SÃO PAULO

"ARQUITETURA SIGNIFICA DIGNIDADE. TRAZ BELEZA, MEXE COM NOSSOS SENTIDOS. E NÃO É SÓ PORQUE ESTÁ NAS CLASSES ALTAS QUE NÃO PODE ESTAR NAS MORADIAS DAS PERIFERIAS."
— ESTER CARRO

ILUSTRADA POR
PAPOULAS DOURADAS

FÁTIMA BERNARDES

JORNALISTA E APRESENTADORA

Fátima era uma garota muito exigente com ela mesma. Quando fazia alguma coisa, queria ser a melhor. Por exemplo: ela amava dançar balé e queria ser bailarina, mas queria ser a melhor de todas. Porém, verdade é que, embora fosse ótima na dança, ela ainda não havia descoberto seu maior talento, aquele em que ela ia mesmo ser a melhor de todas. Mais crescida, ela mudou de ideia e foi cursar jornalismo.

Ainda muita nova, ela começou a trabalhar na Globo, a maior emissora de televisão do Brasil. Fátima era muito nova e ficou intimidada ao trabalhar com tantos gigantes do jornalismo logo de cara. Uma preocupação desnecessária, porque logo a novata chamou a atenção por causa de suas reportagens. Fátima gostava da rua: de sujar o sapato para ir atrás de contar histórias, de conversar com as pessoas onde quer que fosse, na enchente ou no estádio de futebol. Essa determinação mostrava que agora, finalmente, Fátima havia encontrado a sua vocação.

Ela gostava da rua tanto quanto gostava de novos desafios. E aí Fátima conseguiu chegar ao jornal mais importante do país: ela virou a apresentadora do *Jornal Nacional*, ao lado de William Bonner. Por mais de uma década, ela deu boa-noite aos espectadores brasileiros e contou para eles as principais notícias do dia. Foram atentados, guerras, Copas do Mundo, eleições... Tudo de mais importante que aconteceu Fátima contou.

Depois, ela virou apresentadora de um programa de entrevistas só seu e, mais tarde, jurada de um programa de música, mostrando que, mesmo após chegar ao topo do jornalismo, a apresentadora mais conhecida do Brasil poderia se reinventar e encarar novos desafios!

NASCIDA EM 17 DE SETEMBRO DE 1962

RIO DE JANEIRO, RIO DE JANEIRO

ILUSTRADA POR
PAULA MILANEZ

"TUDO QUE VOCÊ FAZ COM VERDADE TEM CHANCE DE FUNCIONAR."
— FÁTIMA BERNARDES

FERNANDA MONTENEGRO

ATRIZ

Arlette Pinheiro Monteiro Torres nasceu no subúrbio do Rio de Janeiro. Quando tinha 8 anos, subiu no palco pela primeira vez para interpretar um militar numa peça da escola. Apesar da novidade, ela não ficou nem um pouco nervosa — se apresentar era como se fosse algo natural e cotidiano para ela. Ali, naquele palco, o dom da garota apareceu pela primeira vez.

Mais tarde, começou a trabalhar como atriz de rádio. Naquela época, não existia televisão, então as peças eram apenas apresentadas pelo rádio, faladas. E a menina magrinha tinha um vozeirão, viu? Mas ela voltou a pensar nos palcos…

Foi mais ou menos nessa época que Arlette decidiu que precisava de um nome novo. Não que ela não gostasse do seu, mas sentia que para os palcos queria algo, digamos, diferente. A menina gostava muito de ler, e foi pensando nos livros de romance do século 19 que escolheu "Fernanda". O sobrenome "Montenegro" foi em homenagem a um médico conhecido da família, que atendia pessoas pobres sem cobrar nada.

Rebatizada, ela começou a se aventurar pelos teatros e pelas telas. Fernanda diz que a vida não existe sem sonhar, e que o teatro é um sonho em que o público embarca com os atores. Ela sempre foi muito ativa e gosta de trabalhar. Entre cinema, televisão e teatro, já recebeu mais de quarenta prêmios, acredita? E, em 1999, ela se tornou a primeira atriz brasileira a ser indicada ao Oscar.

Hoje, ela tem mais de 90 anos. Em 2019, publicou um livro e, em 2021, foi eleita para a Academia Brasileira de Letras! Fernanda Montenegro é considerada a grande dama do teatro brasileiro, e isso é uma coisa que dura para sempre.

NASCIDA EM 16 DE OUTUBRO DE 1929

RIO DE JANEIRO, RIO DE JANEIRO

"NOSSO OFÍCIO É NOSSA FESTA.
É O NOSSO SENTIDO DE VIDA,
É O NOSSO PRÊMIO."
— FERNANDA MONTENEGRO

ILUSTRADA POR
BRUNA ASSIS BRASIL

FORMIGA

JOGADORA DE FUTEBOL

Um belo dia, os pais de Miraildes decidiram dar presentes para os filhos. A menina ganhou uma boneca, enquanto um dos irmãos recebeu uma bola. A garota ficou frustrada, mas logo usou a criatividade: arrancou a cabeça da boneca e começou a usar aquilo como bola, driblando e chutando para o gol, como os meninos da casa faziam. A família achou graça, mas logo percebeu que Miraildes tinha talento para o futebol.

Quando a menina nasceu, em 1978, o futebol era considerado um esporte só para homens. Tanto é que, nessa época, existia no Brasil uma lei que proibia as meninas de jogarem, que só foi extinta alguns anos depois. Mas isso não impediu a menina de querer entrar para um time. Aos 12 anos, ela participou do seu primeiro campeonato e ganhou o apelido que marcaria sua vida toda: Formiga. Pequenininha e rápida, a garota atravessava o campo para lá e para cá para ajudar o time.

Desde então, Formiga cresceu e virou a única futebolista do mundo, entre homens e mulheres, a jogar sete Olimpíadas — todas desde que ela começou a jogar na seleção brasileira! Formiga jogou mais de vinte anos com a camisa verde-amarela e também foi a esportista que mais participou de Copas do Mundo. Ela trouxe para casa muitas conquistas para o Brasil, como medalhas de prata na Copa e de ouro no Pan.

Mas, para Formiga, a maior conquista de todas foi ter trazido o futebol feminino para um lugar de destaque no coração das brasileiras e brasileiros. O time lotou o Maracanã durante uma final dos Jogos Pan-Americanos! Formiga está aí para provar que mulher pode bater um bolão.

NASCIDA EM 3 DE MARÇO DE 1978

SALVADOR, BAHIA

"VOU CAIR MIL VEZES E
ME LEVANTAR MIL VEZES."
— FORMIGA

ILUSTRADA POR
FANY LIMA

GAL COSTA

CANTORA

Mariah alisava a barriga redonda de gravidez enquanto ouvia uma música suave. Ela gostava de ouvir música clássica porque queria que a sua bebê nascesse com esse dom. E aí, no dia 26 de setembro de 1945, Mariah deu à luz Maria da Graça, a Gal – que se tornou uma das mulheres mais musicais do Brasil.

Gal era adolescente quando ficou amiga de uma galera muito legal de Salvador. Eles eram músicos, atores e artistas de várias áreas que estavam querendo fazer coisas diferentes, inovar. A garota topou! Dois deles conseguiram um trabalho no Rio de Janeiro, e lá se foi Gal para a capital carioca, acompanhando Caetano Veloso e Maria Bethânia.

Eles decidiram que não queriam mais uma música suave, tranquila, como era a bossa-nova, e aí Gal deixou o cabelo crescer e começou a tocar músicas mais animadas, com a sua voz potente. A partir de então, criaram, juntos, um movimento muito importante da música brasileira que abalou o país durante a ditadura militar: o **Tropicalismo** – e Gal virou o rosto dessa geração inovadora.

Corajosa, ela se tornou símbolo para as mulheres que não queriam mais lidar com os padrões de beleza. Gal queria usar a roupa na qual se sentia confortável, deixar o cabelo como quisesse, e não queria ninguém reclamando do tamanho da sua saia.

Depois de começar, Gal nunca mais parou. Ela cantou por mais de cinco décadas. Músicas suas, músicas de seus ídolos, de seus amigos... Ela acumulou prêmios de melhor cantora e ganhou um prêmio em homenagem à sua carreira completa no Grammy Latino. Para a nossa sorte, a filha da dona Mariah definitivamente veio ao mundo com o dom da música. Depois de seu falecimento, todos lembraram de sua voz perene e estratosférica ecoando: MEU NOME É GAL!

26 DE SETEMBRO DE 1945 – 9 DE NOVEMBRO DE 2022

SALVADOR, BAHIA

ILUSTRADA POR
MARY CAGNIN

"SEMPRE TIVE UM BOM RELACIONAMENTO COM AS PESSOAS POR CAUSA DA MÚSICA. MÚSICA É MEU SANGUE."
— GAL COSTA

GISELE BÜNDCHEN

MODELO

O que era para ser uma simples excursão no shopping, durante uma viagem escolar, mudou a vida da Gisele para sempre. Foi nesse passeio que a garota gaúcha de 1,77 metro de altura foi descoberta por uma agência de modelos e convidada a participar de um concurso. Ela não ganhou, mas mal podia imaginar que no futuro conquistaria o mundo e se tornaria a principal top model da história do Brasil.

Em pouco tempo, a garota de uma cidadezinha no interior do Rio Grande do Sul estava estampando todas as capas de revista e fazendo inúmeros desfiles por ano nas passarelas de moda em Paris, Tóquio, Nova York e Milão. Seu sucesso inspirou muitas garotas a serem como ela. Uma vez, uma revista para adolescentes perguntou quantas meninas queriam ser modelo também e quase todas responderam que sim, e que Gisele era a inspiração desse desejo.

Gisele se tornou a modelo mais bem paga do mundo e era muito disputada por todo tipo de marca e premiação. Ela fez alguns papéis no cinema, e todas as capas de revista em que a gaúcha aparecia vendiam como água. Mas ela queria usar a sua fama para outra coisa além de promover marcas de roupa. A modelo mais influente do mundo, que sempre gostou muito da natureza, de andar descalça e subir em árvores, decidiu virar uma ativista ambiental e hoje ensina seus filhos a amarem a natureza tanto quanto ela.

Por causa dessa dedicação, Gisele ganhou mais um título para a sua coleção. Depois de ser considerada a maior modelo de todos os tempos e uma das mulheres mais bonitas do mundo, ela acrescentou ao seu currículo o título de "guardiã da floresta". A garota que inspirou uma geração de meninas que, assim como ela, querem ser modelos agora influencia muitas outras a amarem e protegerem o nosso planeta.

NASCIDA EM 20 DE JULHO DE 1980

HORIZONTINA, RIO GRANDE DO SUL

"SOU UMA PESSOA OTIMISTA. PROCURO FOCAR NO POSITIVO E EM COMO POSSO AJUDAR E CONTRIBUIR."
— GISELE BÜNDCHEN

ILUSTRADA POR
GABI VASKO

HEBE CAMARGO

APRESENTADORA

Hebe era uma garota que viveu a história da televisão desde o primeiro dia. É que ela estava presente no lançamento do primeiro canal de TV brasileiro, a TV Tupi, lá nos anos 1950. Isso mesmo! Quando perguntavam para ela, já com mais idade, há quanto tempo era apresentadora, ela respondia: "Quantos anos tem a televisão mesmo?", e ria com o sorriso mais conhecido do Brasil.

A menina foi criada numa família musical: o pai era violinista e cantor, e sempre levava a garota para acompanhá-lo nos trabalhos que fazia. E a pequena, muito extrovertida, gostava de se apresentar. Com 12 anos, já participava de programas de calouros, cantando na rádio!

Mas ela brilhou mesmo foi na telinha, quando se tornou uma das maiores apresentadoras do país. Ela tinha a própria marca registrada: adorava falar "graciiiiinha" quando queria elogiar os convidados, e isso se tornou um dos bordões mais famosos da televisão brasileira. Além disso, tinha outra mania engraçada: Hebe cumprimentava todo mundo com uma *bitoquinha*.

Ela foi, antes de tudo, uma mulher corajosa e pioneira. Não tinha medo de defender o que achava certo. Enfrentou a ditadura e a censura, defendendo a liberdade de expressão. Nos anos 1980, quando o assunto ainda era um **tabu**, ela foi uma das primeiras vozes públicas a defender a causa LGBTQIA+ e a dizer, em rede nacional, que todos são humanos e merecem ser respeitados da mesma forma.

Hebe morreu dormindo aos 83 anos. Quando ela se foi, depois de sessenta anos de carreira, durante os quais foi eleita mais de vinte vezes a melhor apresentadora do Brasil, o país parou para se despedir dela. Políticos, artistas, colegas de profissão, amigos... Todo mundo fez questão de homenagear a rainha da TV brasileira.

8 DE MARÇO DE 1929 – 29 DE SETEMBRO DE 2012

TAUBATÉ, SÃO PAULO

"EU NÃO TENHO SOLIDÃO. SOU FELIZ COMIGO."
— HEBE CAMARGO

ILUSTRADA POR
ISADORA ZEFERINO

HELENA RIZZO

CHEF DE COZINHA

Helena sempre se interessou pela arte. Nascida numa família de engenheiros, ela não queria nem pensar em seguir uma carreira cheia de contas e linhas retas, com certos e errados, como a dos pais. Gostava de desenhos, de linhas curvas, de se expressar livremente. Ela só não sabia onde encontrar esse caminho... Primeiro, tentou a arquitetura. Depois, quis ser modelo. Foi só quando ela entrou em um restaurante durante uma viagem à Espanha que uma luz se acendeu na cabeça dela. Helena percebeu que a cozinha podia ser um lugar para fazer arte, e era esse o tipo de arte que queria fazer. Ela trabalhou alguns anos nesse restaurante espanhol, onde aprendeu muito.

Então, voltou ao Brasil com vontade de abrir um restaurante bem brasileiro. Helena sempre amou a culinária brasileira — não à toa, o seu prato favorito é arroz. Isso mesmo! A chef adora um arroz bem-feitinho, com um ovinho em cima. Ela abriu o seu restaurante, batizado de Maní. Nele, Helena faz todas as comidas que ama com ingredientes tradicionais do Brasil — como a mandioca, a jabuticaba ou o feijão e o maracujá. A comida do Maní é tão gostosa que ele é considerado um dos melhores restaurantes da América Latina. E Helena já ganhou duas vezes o prêmio de melhor chef mulher do mundo!

Nos últimos tempos, ela decidiu expressar a veia artística de mais uma maneira. Helena começou a participar de programas de gastronomia na televisão e virou jurada do *MasterChef*, um dos reality shows mais assistidos do Brasil, mostrando que a cozinha de um restaurante é o lugar perfeito para uma mulher expressar sua arte e provar que a culinária brasileira é maravilhosa!

NASCIDA EM 6 DE DEZEMBRO DE 1978
PORTO ALEGRE, RIO GRANDE DO SUL

ILUSTRADA POR
CAJILA BARBOSA

"TEM TANTAS PESSOAS QUE ME INSPIRAM... MAS ACHO QUE A MAIOR INSPIRAÇÃO É A PRÓPRIA VIDA."
— HELENA RIZZO

HILDA HILST

ESCRITORA

Conversando com uma das freiras da escola, a pequena Hilda declarou: "Quero ser santa!". A irmã achou graça. De santa, Hilda não tinha nada: a garota vivia aprontando na escola e dando um trabalhão para as freiras. A menina, que não gostava que mandassem ela fazer as coisas, vivia desafiando os adultos e desconfiando de tudo o que diziam para ela, porque gostava de descobrir as coisas sozinha. Virar santa, realmente, não deu certo para ela. Hilda cresceu e abandonou a ideia tão obviamente errada para alguém com uma personalidade espevitada como a dela.

Então, ela decidiu estudar direito. E foi durante a faculdade que começou a publicar o que escrevia. Ela gostava de poesia, já que nela e em seus outros textos a personalidade travessa e questionadora sempre aparecia. Hilda gostava de escrever sobre o amor, sobre a paixão e sobre coisas que as pessoas tinham medo de falar, como o desejo e a morte. Para se dedicar à escrita em paz, Hilda construiu uma casa, que chamou de Casa do Sol. E foi lá, no interior de São Paulo, que a escritora se recolheu com seus cachorros. Muitos escritores importantes passaram períodos na gostosa Casa do Sol junto de Hilda, discutindo e criando literatura.

Por causa da ousadia com que falava de tabus da sociedade, a obra de Hilda não foi muito divulgada quando ela era viva. Ela ficava chateada quando percebia que não estavam tratando o trabalho dela com a devida importância, mas seguia escrevendo, porque isso era a sua paixão. Um belo dia, porém, as pessoas finalmente começaram a prestar atenção e viram como eram lindas as poesias daquela menina travessa. Hoje em dia, Hilda Hilst é considerada uma das maiores poetas da história do Brasil.

21 DE ABRIL DE 1930 – 4 DE FEVEREIRO DE 2004

JAÚ, SÃO PAULO

"QUERO BRINCAR, MEUS AMIGOS/ DE VER BELEZA NAS COISAS."
— HILDA HILST

ILUSTRADA POR
CARTUMANTE
(CECÍLIA RAMOS)

HORTÊNCIA MARCARI

JOGADORA DE BASQUETE

Era uma vez uma garota que amava todos os esportes. Ela gostava de correr, de jogar futebol e de disputar partidas de handebol. Um dia, ela descobriu uma nova modalidade: o basquete. A menina, deslumbrada com a velocidade das jogadoras e com a dança da bola na quadra, decidiu então que também queria entrar naquele universo.

Não demorou muito para ela começar a se destacar. Fazia muitos pontos em todos os jogos dos quais participava, mas enfrentava um problema: a família de Hortência era muito pobre, e a garota não tinha dinheiro para ir aos treinos e jogos. Graças ao seu professor, ela conseguiu uma bolsa e pôde continuar desenvolvendo seu talento.

Hortência sonhava com um uniforme: o da seleção brasileira de basquete. Quando ela tinha apenas 17 anos, realizou pela primeira vez o sonho de vesti-lo! A garota se tornou uma das principais jogadoras do time — até hoje, nenhuma outra jogadora conseguiu fazer tantos pontos quanto ela! Foram mais de 3 mil!

A garota era considerada baixinha para uma jogadora de basquete, mas isso nunca foi um impedimento para ela. Rápida como um raio e uma arremessadora impressionante, ela é dona de um recorde inacreditável. Em um só jogo, conseguiu fazer mais de 120 pontos sozinha! A jogadora foi campeã com a seleção em vários campeonatos até se aposentar, em 1994. Mas aí, dois anos depois, o Brasil foi para as Olimpíadas e precisava de uma jogadora como ela na seleção. Hortência topou voltar às quadras e trouxe para casa a medalha de prata!

Ela é considerada até hoje a Rainha do Basquete. Fora das quadras, Hortência foi a primeira brasileira inscrita no Hall da Fama do Basquete, uma das principais homenagens a esportistas no mundo.

NASCIDA EM 23 DE SETEMBRO DE 1959
POTIRENDABA, SÃO PAULO

ILUSTRADA POR
CAJILA BARBOSA

"HOJE, 48% DOS ATLETAS OLÍMPICOS NO MUNDO SÃO MULHERES. ISSO É UMA GRANDE CONQUISTA."
— HORTÊNCIA MARCARI

IANA CHAN

EMPRESÁRIA

Aos 12 anos, Iana ganhou um presente que mudou sua vida. O primeiro computador, que ela recebeu dos pais, fez a garota descobrir uma paixão pelos códigos que estão por trás de tudo na internet.

Ela começou a mexer com programação quando quis personalizar seu blog e deixá-lo mais com a cara dela. Mas, quando pensava em trabalhar com isso, Iana se sentia insegura, porque achava que profissões que tinham a ver com matemática não eram o lugar certo para ela. Foi por isso que decidiu fazer faculdade de jornalismo.

Porém, ela nunca deixou de programar e se juntou a um grupo de mulheres programadoras para compartilhar ideias, códigos e sentimentos. Ela percebeu que o caminho para as mulheres na programação era difícil ao fazer uma reunião de trabalho para um projeto de jornalismo. Só tinha homens na área de tecnologia! Mas Iana estava cansada do que estava fazendo e decidiu se demitir e se dedicar só à programação. Foi assim que ela transformou o grupo de amigas programadoras em uma empresa, a PrograMaria.

O objetivo de Iana e das outras mulheres do grupo é aumentar o número de meninas que sabem programar. Se as mulheres estão nesse mundo virtual, precisam fazer parte da criação dele. Ela sabe que o ponto não é falta de interesse, mas sim que várias mulheres podem ficar intimidadas de entrar num ambiente tão masculino.

Hoje em dia, a empresa de Iana é referência quando se fala em mulheres e tecnologia, e elas já ganharam vários prêmios e também começaram várias parcerias. Tudo isso para ajudar mais e mais mulheres a fazer da internet um lugar mais inclusivo.

SÃO PAULO, SÃO PAULO

```
import Girls
from World

while(exist) {

    learn();
    program();
    fight();

        #include <us>

        // BeStrong
}
```

<head>

<body>

ILUSTRADA POR
JU KAWAYUMI

"NOSSO TRABALHO,
POR MUITO TEMPO,
FOI MARTELAR PARA AS
PESSOAS QUE IMPORTA
TER MAIS MULHERES
NESTA ÁREA."
— IANA CHAN

INDIANARAE SIQUEIRA

ATIVISTA

A vida de Indianarae sempre foi uma luta. A primeira delas, por sobrevivência, porque a garota precisou morar na rua por ser **transexual**. A segunda, por saúde.

Indianarae começou a se envolver com política quando conheceu uma campanha do governo contra a **aids**, lá nos anos 1990. Nessa época, a doença era nova e não tinha tratamento, e muitas mulheres transexuais se contaminavam. Por isso, era uma questão de vida ou morte para Indianarae e suas amigas aprenderem como se prevenir contra a doença. A garota entrou de cabeça no ativismo depois disso. Ela entendeu que, como transexual, precisava estar sempre atenta para garantir os seus direitos.

Indianarae virou líder na comunidade LGBTQIA+ graças a sua personalidade forte e sensível. E ela tinha um sonho: não queria que nenhuma pessoa tivesse que morar na rua por ser quem é, como havia acontecido com ela. Foi desse sonho que começou a ser construída a CasaNem, um lugar seguro para as pessoas LGBTQIA+ que não têm para onde ir. A CasaNem vira a família de quem, por preconceito, não é aceito pela sua. Indianarae faz uma festa de Natal que dura quatro dias!

A luta da Indianarae não parou por aí. Ela queria ver as pessoas trans conseguirem estudar, se formar, terem bons empregos. Por isso, ela começou um cursinho para essas garotas e garotos prestarem o Enem e entrarem na faculdade. A história de Indianarae como líder trans é tão impressionante que virou filme, com o nome dela, e foi levado para muitos festivais internacionais. Essa garota forte e batalhadora virou símbolo da luta pelos direitos LGBTQIA+ no mundo todo!

NASCIDA EM 18 DE MAIO DE 1971

PARANAGUÁ, PARANÁ

"QUEREMOS QUE AS PESSOAS SEJAM CADA VEZ MAIS LIVRES, QUE AS PESSOAS TRABALHEM MENOS, QUE APROVEITEM MAIS A VIDA."
— INDIANARAE SIQUEIRA

ILUSTRADA POR
KAREN CHIBANA

IVETE SANGALO

CANTORA

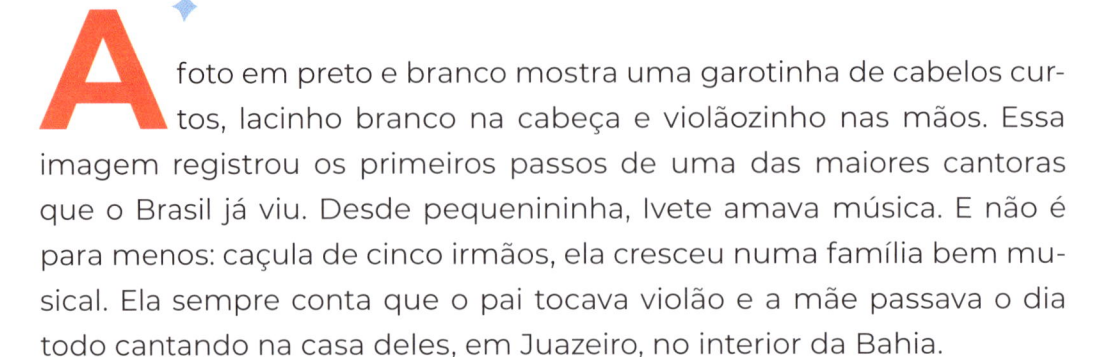

A foto em preto e branco mostra uma garotinha de cabelos curtos, lacinho branco na cabeça e violãozinho nas mãos. Essa imagem registrou os primeiros passos de uma das maiores cantoras que o Brasil já viu. Desde pequenininha, Ivete amava música. E não é para menos: caçula de cinco irmãos, ela cresceu numa família bem musical. Ela sempre conta que o pai tocava violão e a mãe passava o dia todo cantando na casa deles, em Juazeiro, no interior da Bahia.

Um dos momentos mais legais da infância da menina era sair para comprar LPs, aqueles discos grandes e pretos que a gente usava para tocar música antigamente. O pai de Ivete colocava o LP na vitrola, posicionava sobre ele a agulha e, num passe de mágica, eles eram transportados para o mundo da música. Ivete sempre achou aquilo incrível.

Quando cresceu, ela transformou o sonho em profissão. Ivete começou cantando em bares e abrindo shows de outros artistas. Um dia, conheceu o produtor de uma banda de **axé** e acabou virando a vocalista. Era a Banda Eva! Esse grupo foi um dos maiores sucessos dos Carnavais e do axé do Brasil. Ivete ficou tão famosa, mas tão famosa, que acabou alçando voo solo. As músicas dela viraram trilha sonora de novela, os álbuns venderam milhares e milhares de cópias e ela ganhou muitos troféus. São tantas as conquistas de Ivete que é até difícil contar todas.

Mas o que essa menina espoleta gosta mesmo é de farra. Além do Carnaval de Salvador, onde é chamada de rainha, Ivete é conhecida pelos shows animados. Até em Nova York a baiana já animou o público! Ivete representa tanto o Brasil que foi escolhida em 2014 para fazer o show de encerramento da Copa do Mundo.

NASCIDA EM 27 DE MAIO DE 1972

JUAZEIRO, BAHIA

ILUSTRADA POR
TAÍSSA MAIA

"EU ME LEMBRO DE PODER SER CRIANÇA E TER RELAÇÃO COM A MÚSICA SEM NENHUMA RESPONSABILIDADE SOBRE ELA, APENAS SENTIR."
— IVETE SANGALO

JACKIE E SANDRA

JOGADORAS DE VÔLEI DE PRAIA

Uma chuva de papel picado caía na cabeça de Jaqueline e de Sandra enquanto elas passavam pelas ruas do Rio de Janeiro, desfilando em cima de um carro de bombeiros. Na praia, surfistas acenavam e mulheres abriam a porta dos carros para aplaudir. As duas haviam conquistado um feito histórico pouco tempo antes, nos Estados Unidos. Elas se tornaram as primeiras mulheres brasileiras a ganhar uma medalha de ouro nos Jogos Olímpicos!

A trajetória da dupla começou por acaso. Jackie era jogadora de vôlei de quadra, mas decidiu se mudar para os Estados Unidos para tentar se destacar em uma nova modalidade que estava começando por lá: o vôlei de praia. A vida não era fácil. Quando a garota não conseguia ganhar competições, às vezes precisava dormir na areia, porque não tinha dinheiro para se hospedar em lugar nenhum.

Enquanto isso, a jovem Sandra treinava nas praias brasileiras e começava a mostrar muito talento para o esporte. Quando Jackie a convidou para ser sua dupla, ela largou tudo e foi. No mesmo ano, elas já estavam classificadas para as Olimpíadas! Nos Jogos, Sandra e Jackie venceram outra dupla de brasileiras na final e levaram o histórico ouro olímpico.

Depois de se aposentar das praias, Jackie começou a se dedicar à sua escola de vôlei e virou técnica de equipes. Enquanto isso, Sandra decidiu seguir mais um tempo no vôlei de praia e formou outras duplas. Ela ganhou muitas medalhas e entrou para o Hall da Fama do Esporte em 2014!

Jackie e Sandra entraram para a história do esporte brasileiro mostrando como o trabalho em equipe pode levar a conquistas incríveis!

JACKIE, NASCIDA EM 13 DE FEVEREIRO DE 1962
SANDRA, NASCIDA EM 16 DE JUNHO DE 1973
RIO DE JANEIRO, RIO DE JANEIRO

"ÉRAMOS MUITO DEDICADAS, NÃO DEIXÁVAMOS NADA INTERFERIR. NINGUÉM!"
— SANDRA

ILUSTRADA POR HANNAH CARDOSO

JOENIA WAPICHANA

ADVOGADA E POLÍTICA

Joenia já estava acostumada a ser a primeira. Ela teve que abrir muitos caminhos sozinha e ser a primeira mulher indígena em quase tudo o que fez. Quando era pequena, na sua comunidade em Roraima, ela falava só wapichana, a língua do seu povo. Logo ela entendeu que precisaria aprender também o português para lutar pelos direitos da sua comunidade e dos indígenas brasileiros.

Foi com essa missão que Joenia se tornou a primeira advogada indígena. Depois, virou a primeira mulher indígena a discursar num julgamento do Supremo Tribunal Federal. Foi por causa desse julgamento que uma terra muito importante para várias comunidades, a Raposa Serra do Sol, foi finalmente considerada dos povos indígenas. Joenia ficou muito feliz, porque estava conseguindo realizar o que sonhava desde criança. Mas ela sabia que não podia parar por aí e decidiu que precisava de mais um primeiro lugar.

Então decidiu entrar para a política. Ela foi eleita para Câmara dos Deputados e, de novo, foi a primeira mulher indígena lá. Num lugar cheio de homens brancos e de terno, os cabelos pretos e a pele de Joenia chamavam a atenção. No dia em que ela tomou posse, disse que os seguranças não acreditavam que ela era mesmo deputada. Joenia quer mudar isso e tornar comum a diversidade em todos os espaços, inclusive no Congresso.

Ela ganhou um prêmio muito importante por causa do seu ativismo: o de direitos humanos, concedido pela Organização das Nações Unidas, a ONU. Mas, para ela, o maior prêmio de todos é saber que está garantindo uma vida melhor para as crianças, as mulheres e os homens indígenas do Brasil. Em 2023, Joenia se tornou a primeira mulher indígena a assumir a presidência da Fundação Nacional dos Povos Indígenas, a Funai, fazendo história mais uma vez.

NASCIDA EM 20 DE ABRIL DE 1973

BOA VISTA, RORAIMA

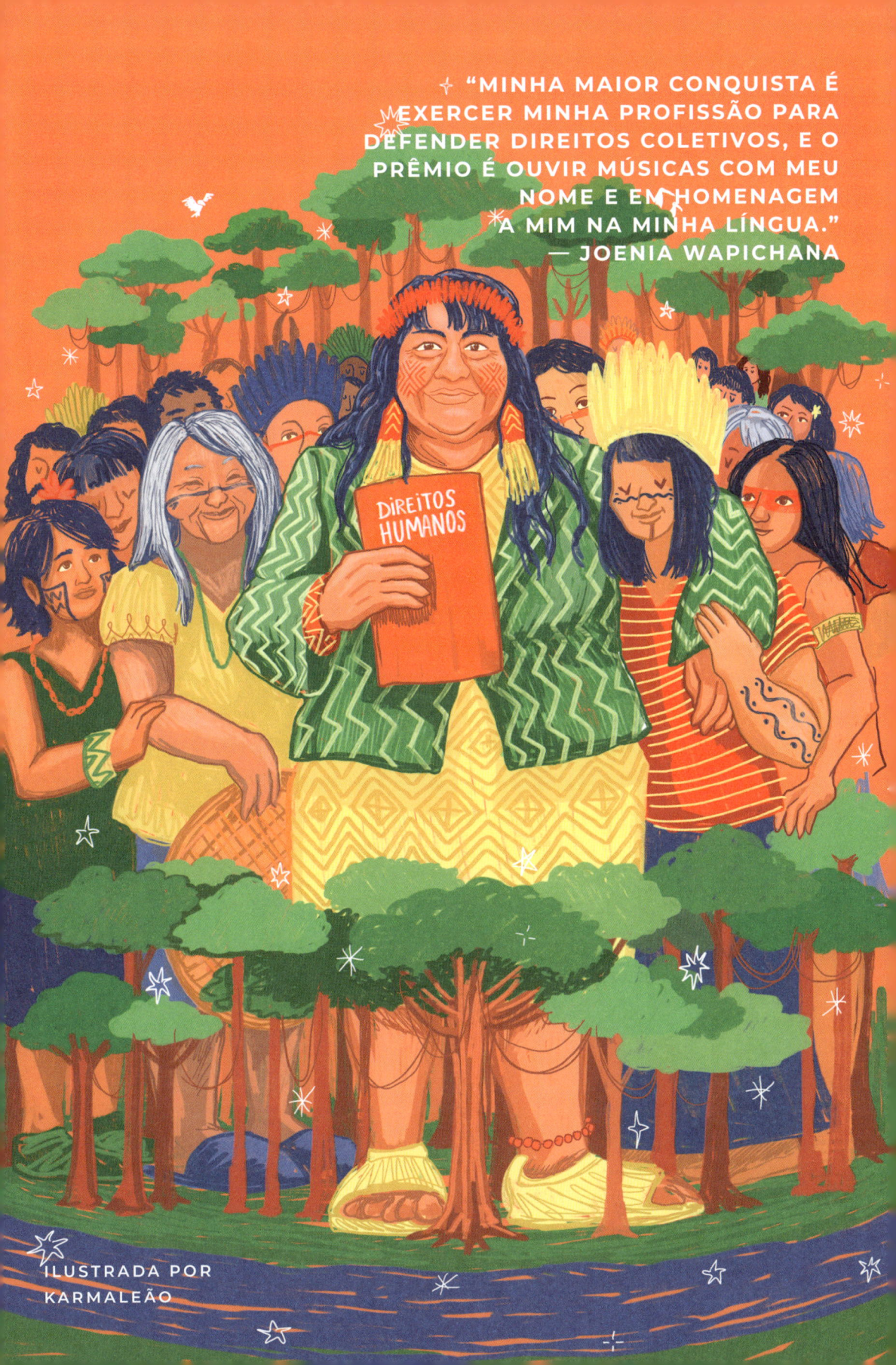

"MINHA MAIOR CONQUISTA É EXERCER MINHA PROFISSÃO PARA DEFENDER DIREITOS COLETIVOS, E O PRÊMIO É OUVIR MÚSICAS COM MEU NOME E EM HOMENAGEM A MIM NA MINHA LÍNGUA."
— JOENIA WAPICHANA

ILUSTRADA POR KARMALEÃO

KARLA LESSA

BOMBEIRA E PILOTA

Quando Karla entrou pela primeira vez num helicóptero, soube na hora que tinha encontrado o seu lugar no mundo. Ela havia acabado de entrar para o Corpo de Bombeiros de Minas Gerais e ainda não sabia direito por que havia se interessado pela profissão. Mas agora tinha certeza: seu destino era voar.

Mas, antes disso, precisou enfrentar alguns desafios... O primeiro deles foi provar que ser pilota era, sim, coisa de mulher. Naquela época, não existia nenhuma bombeira pilota de helicóptero no Brasil inteiro! Então Karla se tornou a primeira.

Ela ficou conhecida por causa de uma operação impressionante que mostrou ao país todo a sua habilidade. Em 2019, uma onda gigante de lama cobriu casas em Brumadinho, uma cidade perto de Belo Horizonte. Aquilo foi culpa do rompimento de uma **barragem** que arrastou tudo o que estava no caminho. O helicóptero de Karla foi o primeiro a chegar, e ela viu um pontinho se mexendo naquele mar marrom: era uma moça presa! A major não pensou duas vezes. Desceu o helicóptero o máximo possível e, num movimento extremamente arriscado, ficou ali parada no ar igual a um beija-flor enquanto seus colegas puxavam a moça para dentro da aeronave. Essa imagem rodou o mundo.

Karla diz que se sentiu muito feliz por ter conseguido salvar essa moça e mais uma pessoa já no primeiro dia da tragédia. Durante três dias, ela trabalhou sem parar, voando com seu helicóptero para ajudar a resgatar o máximo de pessoas possível.

Por causa desse trabalho incrível, Karla ganhou várias homenagens e pode contar sua trajetória como primeira mulher pilota. Ela fica muito animada quando vê crianças, principalmente meninas, querendo ser bombeiras por causa dela.

BELO HORIZONTE, MINAS GERAIS

"É LINDO MINHA SOBRINHA SABER QUE PODE SER BOMBEIRA SE QUISER."
— KARLA LESSA

ILUSTRADA POR
LAURA ATHAYDE

LÉLIA GONZALEZ

ANTROPÓLOGA E ESCRITORA

De vez em quando, Lélia olhava para os brinquedos no quarto e sonhava que estava brincando com eles. Não podia, porque eles não eram dela, e Lélia era uma criança que não tinha infância. Ela trabalhava como babá para uma família mais rica, e naquele momento só podia sonhar com uma vida melhor.

Trabalhar quando deveria estar brincando é, infelizmente, uma realidade comum para meninas negras, e Lélia não se conformava com isso. Ela queria estudar, fazer outras coisas, viver a própria vida. Por isso, mesmo nos momentos mais difíceis, ela não largou a escola. Conseguiu se formar no colégio e depois na faculdade. Então começou a questionar: *Por que as mulheres que eu vejo trabalhando como babás e empregadas são sempre da minha cor? E por que as patroas são sempre brancas? Por que na faculdade quase não vejo mulheres negras ao meu lado?*

Lélia decidiu estudar a fundo a desigualdade racial no Brasil e na América Latina e começou a escrever sobre isso. Os textos dela são considerados um marco do movimento negro. Lélia se incomodava inclusive com as feministas brancas. Ela via que, em muitos círculos de ativistas brancas, as mulheres negras eram silenciadas e os problemas delas eram vistos como "menos importantes" – exatamente como os homens faziam com todas as mulheres. Ela foi uma das pioneiras de um feminismo inclusivo, que olhou para mulheres negras, indígenas e pobres.

Como pesquisadora, ela fundou escolas sobre cultura negra e deu aulas. Como ativista, foi às ruas defender a volta da democracia e a igualdade de direitos para pessoas de todas as cores e etnias. Lélia mudou o seu destino e, fazendo isso, mudou o mundo também.

1º DE FEVEREIRO DE 1935 – 10 DE JULHO DE 1994

BELO HORIZONTE, MINAS GERAIS

ILUSTRADA POR
ADRIANA KOMURA

"A GENTE NÃO NASCE NEGRO,
A GENTE SE TORNA NEGRO.
É UMA CONQUISTA DURA,
CRUEL E QUE SE DESENVOLVE
PELA VIDA DA GENTE AFORA."
— LÉLIA GONZALEZ

LORENA ELTZ

ATIVISTA

No dia em que a família de Lorena descobriu por que a menina se sentia mal muitas vezes, a primeira sensação foi de alívio. Depois, veio a preocupação. Lorena tem **doença de Crohn**, uma síndrome que afeta o intestino e que não tem cura. A menina, que na época tinha 5 anos, precisou aprender a lidar com uma condição que é para a vida toda. Ela conta que no começo ficava chateada. Muitas vezes, Lorena precisava faltar na escola porque não estava se sentindo bem. Ela também não gostava de usar biquíni porque, quando seu intestino ficou mais doente, precisou colocar uma bolsinha ali, para substituir as idas ao banheiro, que machucavam o corpo. Ela tinha vergonha de mostrar a bolsinha e parecer "diferente".

Isso mudou quando Lorena descobriu, na internet, um refúgio. A garota decidiu criar uma conta nas redes sociais e contar mais sobre o seu dia a dia e sobre a doença, criando um movimento com a hashtag #felizcomcrohn. Então ela descobriu que muitas pessoas queriam entender como era a vida de uma pessoa com limitações. E, melhor ainda, descobriu que muitas delas, que estavam se sentindo sozinhas, encontravam na página um lugar seguro. Por isso, Lorena começou a usar sua plataforma para lutar por mais acessibilidade.

Hoje em dia, Lorena não deixa a sua doença a impedir de fazer as coisas de que gosta, como viajar — e também sabe que não precisa ter vergonha do corpo dela como ele é. Ela é uma das principais vozes brasileiras que lutam para que grandes eventos estejam preparados para receber todos os tipos de pessoas, do jeitinho que elas são, para que todo mundo possa se divertir também!

NASCIDA EM 24 DE ABRIL DE 2000
PORTO ALEGRE, RIO GRANDE DO SUL

ILUSTRADA POR
JOANNA MACIEL

"MESMO COM UMA DOENÇA RARA, POSSO REALIZAR SONHOS."
— LORENA ELTZ

LUIZA ERUNDINA

POLÍTICA

Era uma vez um dia de calor na periferia de São Paulo. Algumas crianças corriam num campinho próximo e pessoas passavam apressadas para chegar ao ponto de ônibus a tempo. De repente, começa a subir a ladeira uma caminhonete engraçada – atrás do carro, em vez da caçamba, há um tipo de "caixa" de plástico. Dentro dela, uma senhora baixinha e de cabelos brancos acena e sorri para quem está na rua.

É Luiza. Por ser idosa, ela tinha medo de ficar doente durante a pandemia e não sarar. Só que em 2020, ao concorrer a vice-prefeita de São Paulo, chegou à conclusão de que não dava para ficar em casa. Criativa, encontrou essa solução e, protegida, passeava pela cidade conversando com os eleitores.

Luiza nasceu na Paraíba, mas se mudou para São Paulo ainda jovem. Ela gostava tanto de estudar que repetiu um ano da escola de propósito, só para poder continuar estudando. Outra coisa que ela sempre quis foi usar sua voz para ajudar as pessoas pobres. Em São Paulo, a garota começou a trabalhar ajudando famílias que não tinham casa a tentar conseguir um teto. Ela também era uma voz ativa contra a ditadura militar.

Ela virou vereadora e depois prefeita de São Paulo. Isso foi muito importante porque foi a primeira vez que uma mulher comandava a maior cidade do Brasil. É por causa dessa época que Luiza ganhava sorrisos enquanto desfilava no seu carrinho adaptado. Depois de deixar a prefeitura, ela foi para Brasília atuar como deputada federal. Luiza tem quase 90 anos, e se engana quem acha que ela quer se aposentar. Cheia de energia, ela diz que velho mesmo é quem não sonha, e Luiza é repleta de sonhos.

NASCIDA EM 30 DE NOVEMBRO DE 1934
UIRAÚNA, PARAÍBA

ILUSTRADA POR
GABI VASKO

"EU ME SINTO UM POUCO ALGUÉM QUE É POLÍTICA E, AO MESMO TEMPO, EDUCADORA. […] EU ESTOU CONTRIBUINDO PARA O PROCESSO DEMOCRÁTICO DESTE PAÍS, E ISSO NÃO É POUCO."
— LUIZA ERUNDINA

LUIZA HELENA TRAJANO

EMPRESÁRIA

Todos os anos, Luiza fazia a mesma coisa nas férias da escola: trabalhava como balconista na loja da tia. Ninguém pedia para menina fazer isso, mas ela adorava passar tempo vendo como funcionavam todas as partes da pequena rede de venda de móveis no interior de São Paulo. Ela achava engraçado que a loja tinha o seu nome – que era o mesmo da tia – e se sentia um pouco dona do lugar.

Quando cresceu, Luiza quis trabalhar lá. Assim, ela finalmente conseguiu conhecer cada pedacinho das lojas. Até que, um dia, a tia de Luiza deixou um bilhete para a menina: a partir daquele momento a sobrinha comandaria o negócio todinho!

Luiza ficou muito feliz e animada, porque tinha um monte de ideias que queria levar para lá. A internet estava começando a se popularizar, e ela pensou: *Por que a gente não começa a vender os nossos produtos on-line?* O resultado foi um sucesso, e as lojinhas com o nome da Luiza viraram lojonas que a gente encontra no Brasil todo.

Os olhos de Luiza não estavam voltados só para a própria loja. Ela sabia que era necessário pensar também em como fazer do Brasil um país mais justo para as mulheres. Por isso, ela criou um grupo chamado Mulheres do Brasil. Todo mês, Luiza faz uma reunião com outras mulheres importantes para falar sobre o que fazer para termos mais igualdade.

Luiza é uma mulher branca, mas sabe que as pessoas negras ainda sofrem dificuldades para conseguir bons empregos por causa do racismo. Pensando em como poderia ajudar a resolver isso, ela criou, dentro da sua rede de lojas, um programa de treinamento só para profissionais negros.

Ela é uma das principais empresárias do Brasil e foi considerada uma das mulheres mais influentes do país! E ela usa esse poder para tentar fazer do mundo um lugar melhor para todos.

NASCIDA EM 9 DE OUTUBRO DE 1948

FRANCA, SÃO PAULO

ILUSTRADA POR
IRENA FREITAS

"QUANDO VOCÊ TEM UM CARGO ALTO, AS PESSOAS AO SEU REDOR PASSAM A FALAR APENAS AQUILO QUE VOCÊ QUER OUVIR. MAS VOCÊ SÓ CRESCE QUANDO OUVE AQUILO QUE NÃO QUER OUVIR."
— LUIZA HELENA TRAJANO

LYGIA CLARK

PINTORA E ESCULTORA

Lygia era uma "não artista". Ela foi uma pintora e escultora brasileira importantíssima para a arte do país. Só que, apesar disso, não gostava de ser chamada de artista: ela achava que os limites, os sistemas em volta da arte precisavam ser rompidos. Por isso, escolheu o próprio título.

A "não artista" nasceu numa família tradicional de Belo Horizonte, no começo do século passado. Ela teve o destino de muitas meninas daquela época, que era se casar e ser mãe ainda muito nova. Por isso, quando começou a estudar pintura, com 27 anos, já era mãe de três crianças!

Mas a maternidade nunca foi um impedimento para Lygia conseguir o que queria. Pelo contrário, quando foi para Paris estudar, levou os filhos com ela. Nesse começo, a "não artista" fazia pinturas do tipo que estamos acostumados a ver, com retratos de coisas. Mas ela queria fazer algo diferente.

Não demorou muito para Lygia começar a fazer esculturas e uma arte que ela chamava de "relacional". Quando ia aos museus, Lygia via os quadros distantes do público, paradinhos ali para serem só observados. E um dia pensou: *E se a gente fizesse uma arte em que dá para todo mundo participar?*

As obras de Lygia se tornaram cada vez mais participativas. Ela acreditava que o público tinha que se relacionar com a arte. Por isso, decidiu fazer uma série só sobre... bichos! Afinal, tem coisa melhor do que interagir com animais?

A arte inovadora da Lygia foi muito aclamada. Até hoje, mais de trinta anos depois de sua morte, museus brasileiros e mundo afora continuam fazendo mostras do trabalho dela, que segue interessante e destemido, como ela sempre foi.

23 DE OUTUBRO DE 1920 – 25 DE ABRIL DE 1988

BELO HORIZONTE, MINAS GERAIS

"A ARTE NÃO CONSISTE MAIS EM UM OBJETO PARA VOCÊ OLHAR, ACHAR BONITO, MAS PARA UMA PREPARAÇÃO PARA A VIDA."
— LYGIA CLARK

ILUSTRADA POR CLARISSA PAIVA

MADALENA CARAMURU

FIGURA HISTÓRICA, INDÍGENA E ESTUDANTE

Madalena se sentou a uma mesinha, pegou um papel e começou a escrever. Estava determinada: não podia ficar calada enquanto via crianças sendo escravizadas na fazenda onde morava. Escreveu a um padre, pedindo que aceitasse dinheiro para libertar aqueles pequenos do trabalho injusto.

Se hoje o ato de escrever uma carta parece tão normal, para Madalena era extraordinário. A garota foi a primeira brasileira a ser alfabetizada — e essa carta, pedindo justiça para as crianças negras escravizadas, foi a primeira escrita por uma mulher nascida no Brasil.

Madalena era filha de um náufrago português e uma mulher indígena. Ela viveu sua infância na aldeia do povo tupinambá, com a mãe e os irmãos — até que também se casou com um português. Com o marido, Madalena estudou e aprendeu a falar a língua dos europeus que tinham chegado havia não muito tempo nas terras novas do Brasil. E aprendeu também a escrever as letras, ora redondas, ora pontudas, desse alfabeto que descobria maravilhada.

Madalena decidiu usar a sua nova habilidade para pedir não só a libertação das crianças, mas também a educação das mulheres. Queria que outras brasileiras pudessem se encantar, como ela, com o poder da escrita. O padre, sensibilizado, levou o pedido da garota para a rainha. Mas a soberana recusou, porque achava muito perigoso dar esse poder às mulheres.

A primeira brasileira a escrever estava muito à frente do seu tempo: só séculos mais tarde as crianças escravizadas foram livres e as mulheres aprenderam a escrever. Mas Madalena lutava por justiça desde os primeiros anos desta terra que chamamos de Brasil.

SÉCULO 16

REGIÃO DA BAHIA

ILUSTRADA POR
CECILIA MARINS

MAJU DE ARAÚJO

MODELO

Era uma vez uma garota que amava brincar de desfilar. Maju ia até o armário de casa, pegava guardanapos e, com a imaginação, os transformava em roupas esvoaçantes. Fazia caras e bocas para uma câmera imaginária e sonhava em ser modelo de verdade.

Adriana, a mãe da menina, não levava a brincadeira muito a sério. Em primeiro lugar, porque muitas meninas sonham em ser modelo, mas depois mudam de ideia. Em segundo lugar, ela tinha medo de não haver espaço no mundo da moda para uma menina como Maju, que tem síndrome de Down, uma condição genética que pode causar algumas dificuldades de movimento e de aprendizado, além dos característicos olhinhos amendoados.

No caso de Maju, ela tem dificuldade para falar, mas isso não é um problema, porque ela se comunica muito bem usando a língua de sinais e é craque em fazer expressões faciais!

Só que um dia Maju ficou muito doente e precisou ir ao hospital. Os médicos e a família dela ficaram muito preocupados, mas ela finalmente acordou e disse para mãe: "Quero ser uma modelo famosa". E aí Adriana decidiu que ia fazer de tudo para realizar o sonho da filha. Pegou as últimas economias da família e colocou Maju em uma escola de modelos!

Lá, a menina mostrou todo o seu talento! Ela foi a primeira modelo com síndrome de Down a desfilar na Brasil Eco Fashion Week, uma semana de moda muito importante. Com o seu trabalho, ela já conheceu vários lugares, mas tem um carinho especial por Paris.

Com mais de 500 mil fãs nas redes sociais, Maju sonha em ir ainda mais longe: ela quer conhecer a China! Mas o que mais importa para ela é fazer o que ama: desfilar e tirar fotos. E, claro, mostrar que pessoas com deficiência são capazes de fazer o que quiserem, como ela.

NASCIDA EM 20 DE JUNHO DE 2002

RIO DE JANEIRO, RIO DE JANEIRO

"INCLUSÃO NÃO É MODA, INCLUSÃO É CIDADANIA."
— MAJU DE ARAÚJO

ILUSTRADA POR
MALENA FLORES

MARCELLE SOARES-SANTOS

FÍSICA

Era uma vez uma garota que queria saber o porquê de tudo. Por que as coisas funcionam de tal jeito? Por que o mundo é assim? Por que o universo é tão grande? Marcelle tinha todas essas perguntas e muitas mais. Para ela, estudar não era uma simples tarefa ou obrigação; era um prazer. A menina olhava o céu à noite e queria muito entender o que havia ali, entre as estrelas e os planetas, naquela escuridão sem fim.

Foi por isso que Marcelle virou física. Na verdade, astrofísica. Isso significa que ela estuda justamente os astros, aquilo que povoa o céu. Ela teve a oportunidade de ir para os Estados Unidos continuar estudando, e se mudou para lá.

Uma coisa que sempre intrigou Marcelle era o vazio. Várias pessoas já estudavam as estrelas, os asteroides, os planetas. Mas ela queria olhar para aquilo que, na verdade, não dava para ver. Na pesquisa dela, Marcelle quer entender como esse vazio, essa energia escura, influencia a galáxia. Uma das coisas que a garota faz para isso é buscar pontos em que estrelas trombam uma na outra. Por isso, ela ganhou o apelido de "caçadora de colisões".

E como se olha algo tão distante? Usando um telescópio muito poderoso! Marcelle se tornou a única brasileira na equipe que construiu um telescópio poderoso o suficiente para fotografar uma dessas colisões entre estrelas. Ela é considerada uma das jovens cientistas mais promissoras do mundo e é muito respeitada na sua área. Marcelle ganhou um prêmio para cientistas que é considerado um dos mais relevantes do mundo. Para ela, o que importa é continuar perguntando, aprendendo e, claro, influenciando mais meninas a fazerem os seus "porquês" virarem ciência.

NASCIDA EM 24 DE SETEMBRO DE 1983
VITÓRIA, ESPÍRITO SANTO

ILUSTRADA POR
AMY N. MAITLAND

"DESDE A INFÂNCIA, EU QUERIA DESVENDAR O QUE ESTAVA ALÉM DO CÉU, DESCOBRIR COMO AS COISAS FUNCIONAM."
— MARCELLE SOARES-SANTOS

MÁRCIA BARBOSA

FÍSICA

Cortar, xeretar, arrumar: essa era a diversão da pequena Márcia, que vivia seguindo o pai pela casa. Ele era eletricista e estava sempre mexendo em alguma coisa que precisava ser consertada – e a menina era sua ajudante entusiasmada. Na escola, começou a auxiliar os professores, que lançavam desafios para ela, como a missão de construir um forno elétrico usando só tijolos e uma resistência elétrica. Márcia amava suas descobertas e podia passar horas tentando entender algo até ter o momento "**eureca**!".

Por causa dessa sensação, ela decidiu que queria ser física. Mas, quando entrou na faculdade, percebeu algo estranho: dos oitenta alunos da sua turma, só oito eram mulheres! Márcia achava que não fazia sentido e que mais mulheres deveriam virar cientistas. Mas ela sabia por experiência própria que existiam muitas barreiras para as garotas. Apesar de ter se tornado uma física respeitada, alguns colegas maldosos diziam, por exemplo, que ela só tinha sido chamada para postos importantes porque usava saia curta. Márcia ficava muito brava com esse tipo de mentira e até hoje diz que vai continuar vestindo o que quiser. Afinal, é sua competência que importa.

Sempre curiosa, Márcia decidiu investigar a água. "Ela não se comporta como as outras coisas da natureza", diz Márcia. As moléculas da água, que são as partes bem pequenininhas que fazem uma gota, gostam de se mexer muito rápido. E entender como essas partezinhas dançam na água pode ajudar muita gente, porque o nosso corpo tem muito líquido, e o estudo de Márcia pode ajudar a curar várias doenças.

Não à toa ela foi considerada pela Organização das Nações Unidas uma das sete cientistas que estão moldando o mundo! Márcia continua trabalhando para mudar o mundo e a própria ciência, trazendo o prazer pelas descobertas para mais meninas.

NASCIDA EM 14 DE JANEIRO DE 1960

RIO DE JANEIRO, RIO DE JANEIRO

"EU USO TODO O PRESTÍGIO QUE EU CONSIGO COM A CIÊNCIA DURA PARA RESSALTAR QUE NÓS PRECISAMOS DE MAIS MULHERES NA CIÊNCIA."
— MÁRCIA BARBOSA

ILUSTRADA POR
HANNAH CARDOSO

MARIA AUXILIADORA DA SILVA

PINTORA

Era uma vez uma menina negra que vivia em São Paulo com a mãe bordadeira e dezoito irmãos. Eles tinham vindo de Minas Gerais e passavam dificuldades na capital paulista. Por isso, a menina de 12 anos precisou começar a trabalhar como empregada doméstica. Enquanto fazia os serviços da casa dos outros, Maria Auxiliadora imaginava que estava fora dali, vivendo a vida – e criando arte, que era o que gostava de fazer. Na família dela, todo mundo era artista, mas ninguém havia estudado o assunto. A mãe era escultora, mas havia aprendido sozinha a sua arte, assim como Maria com a pintura.

Ela misturava tinta com o próprio cabelo para pintar figuras de pessoas negras felizes, namorando, passeando, dançando. Pessoas negras que estavam vivendo em plena potência, sem passar por momentos difíceis como acontecia com a família da menina havia gerações – a avó tinha sido escravizada, por exemplo. Maria pegou os quadros e decidiu vendê-los numa praça, no centro da cidade. Lá, ela conheceu um alemão que ficou encantado com as obras e decidiu mostrar para outras pessoas. Logo, como num conto de fadas, Maria saiu da praça para o museu.

Muita gente não entendia a arte dela e achava que valia menos porque ela não tinha ido para a escola de arte como outros pintores brancos e endinheirados. Mas a verdade é que a arte de Maria Auxiliadora é muito importante. Além de serem lindas, as pinturas traziam com orgulho a cultura afro-brasileira para as telas. O amigo alemão a levou para a Europa, e os quadros dela começaram a ser disputados por colecionadores!

Infelizmente, Maria não conseguiu aproveitar muito o sucesso. Logo depois, ela acabou ficando doente e morreu. Ficaram os quadros dela, que continuam embelezando o mundo e mostrando a força das mulheres negras.

15 DE MAIO DE 1935 – 20 DE AGOSTO DE 1974

CAMPO BELO, MINAS GERAIS

"MAS EU NÃO VIA PINTOR NENHUM NEM VIA LIVRO, QUER DIZER QUE ISSO FOI UMA COISA PURA, SAÍDA DE DENTRO DE MIM MESMO."
— MARIA AUXILIADORA DA SILVA

ILUSTRADA POR
THE KARYNNE

MARIA BETHÂNIA

CANTORA

Quando era criança, Maria Bethânia tinha dois sonhos: o primeiro era ser atriz e o segundo era ter uma piscina bem grandona. A menina morava em Santo Amaro, no interior da Bahia, e passava os dias brincando de subir em árvores e de esconde-esconde.

A garota, que chamava a atenção por cada unha de uma cor, foi crescendo e Santo Amaro ficou pequena para ela. Decidiu então se mudar para Salvador com a família. Caetano, um dos irmãos mais velhos, já era músico, e chamou Bethânia para participar de uma peça de verdade pela primeira vez.

Pouco tempo depois, uma moça chamada Nara Leão assistiu Bethânia no palco e gostou muito. Nara Leão era atriz e estava com a peça *Opinião* em cartaz no Rio de Janeiro. Um ano depois, Nara ainda não havia se esquecido do que sentiu ao ver Maria Bethânia e decidiu chamar aquela garota de voz grave e postura séria para atuar na peça. Para Bethânia, foi uma grande oportunidade. Até hoje, ela considera Nara sua fada madrinha e diz: "Eu tenho heroínas na minha vida, e Nara é uma delas".

A voz potente levou a uma mudança de rumos: em vez de atriz, acabou virando cantora – e que cantora! Na época, diziam que mulher não vendia discos, mas Bethânia provou que isso era mentira. Em 1978, se tornou a primeira cantora brasileira a vender mais de 1 milhão deles!

Bethânia pegou gosto pela música. Com quase sessenta anos de carreira, ela tem trinta e cinco álbuns gravados. E ganhou vários apelidos: ora é conhecida como a "abelha-rainha da **MPB**", ora como a "grande dama da canção brasileira". E o sonho da piscina? É seu xodó: vive imersa na de sua casa, com o cabelão, hoje grisalho, solto na água morna.

NASCIDA EM 18 DE JUNHO DE 1946

SANTO AMARO, BAHIA

ILUSTRADA POR
INA CAROLINA

"EU VIVO NA REALIDADE,
MAS GOSTO DE DEVANEIOS."
— MARIA BETHÂNIA

MARIA DA CONCEIÇÃO TAVARES

ECONOMISTA

Se tem uma coisa que Maria não faz é aceitar as coisas como verdade sem questionar. Não adianta dizer para ela que o céu é azul sem que haja uma janela para ela ver com os próprios olhos. Talvez por causa dessa personalidade questionadora que Maria tenha virado uma das maiores economistas da história do Brasil e do mundo, sempre duvidando de teses já estabelecidas e imaginando novos caminhos.

A garota nasceu em Portugal e estudou na faculdade de matemática por lá. Anos depois, decidiu se mudar pro Brasil. Chegou ao país bem no meio do Carnaval e, como não poderia deixar de ser, se apaixonou pela música e pela festa brasileira. Ficou por aqui e acabou virando cidadã brasileira. Maria já estava em terras tropicais havia alguns anos quando deixou a matemática e foi estudar economia, porque queria dar aulas.

Depois do deslumbramento inicial da menina com o Brasil, ela começou a perceber os problemas que existiam também. O principal deles era a desigualdade. Ela não se conformava que havia poucas pessoas bem ricas e muitas pessoas pobríssimas. A garota queria ajudar a pensar a economia de uma maneira que auxiliasse a desfazer essa injustiça. Às vezes, a economista precisava se impor num ambiente cheio de homens e com poucas mulheres, mas isso não era um problema para ela. Maria nunca teve papas na língua e não tinha nenhuma dificuldade de se colocar com autoridade.

Professora durante muitos anos, ela também decidiu que precisava atuar mais diretamente no combate à desigualdade social, então se tornou deputada federal. A principal característica de Maria, a que a tornou conhecida no Brasil todo, é que ela defende suas ideias com muita paixão.

NASCIDA EM 24 DE ABRIL DE 1930

ANADIA, PORTUGAL

ILUSTRADA POR
ADRIANA KOMURA

"A ECONOMIA QUE
NÃO SE PREOCUPA
COM A JUSTIÇA SOCIAL
É UMA ECONOMIA QUE
CONDENA OS POVOS A [...]
UMA BRUTAL CONCENTRAÇÃO
DE RENDA E DE RIQUEZA,
O DESEMPREGO E A MISÉRIA."
— MARIA CONCEIÇÃO TAVARES

MARIA DA PENHA

ATIVISTA

Era uma vez uma garota que decidiu não se calar. Maria da Penha era uma menina cearense, alegre e muito bonita, que se mudou para São Paulo a fim de estudar. Lá, ela se apaixonou e se casou com o homem que acreditava ser o seu grande amor.

Só que as coisas começaram a dar errado. O marido de Maria ficou cada vez mais agressivo com ela. Depois, pedia desculpas e a tratava com carinho. Maria da Penha ficava muito confusa, triste e preocupada, mas não sabia o que fazer. Ela não sabia na época, mas estava sofrendo violência doméstica.

No Brasil, infelizmente muitas mulheres ainda são agredidas dentro da própria casa. Muitas delas não denunciam, porque não sabem como fazer ou porque têm medo.

Um dia, Maria da Penha estava dormindo e acordou com um barulhão. Assustada, ela percebeu que tinha levado um tiro! O marido dela, o homem que dizia que a amava, tinha tentado acabar com a vida dela. Felizmente, ele não conseguiu, mas o tiro a deixou paraplégica, sem conseguir andar nunca mais.

Foi a partir daí que Maria decidiu que não podia aguentar calada: por ela mesma e pelas três filhas, não sossegou enquanto não conseguiu justiça. Ela conseguiu que o ex-marido fosse condenado pelo crime que cometeu. E fez mais do que isso: a garota virou inspiração para a Lei Maria da Penha, considerada uma das melhores do mundo para proteger meninas e mulheres de violência doméstica.

Mas Maria da Penha sabia que era preciso fazer sempre mais. Ela dedica a vida a essa luta e foi até indicada para o Prêmio Nobel da Paz! Maria da Penha tem um lema, que faz questão de compartilhar com todas as mulheres: "não se cale, denuncie".

NASCIDA EM 1º DE FEVEREIRO DE 1945

FORTALEZA, CEARÁ

"A MINHA MAIOR CONQUISTA FOI BATIZAR A LEI QUE PROTEGE TODAS AS MULHERES DO MEU PAÍS."
— MARIA DA PENHA

ILUSTRADA POR ERIKA LOURENÇO

MARIA ESTHER BUENO

JOGADORA DE TÊNIS

Era uma vez a família Bueno, que amava jogar tênis. A mãe e o pai passavam o tempo livre rebatendo bolas na quadra do clube ao lado de casa, em São Paulo, e a pequena Esther logo se habituou às raquetes. Com 3 anos, a menina já ensaiava as primeiras rebatidas – que mais tarde a colocariam no livro dos recordes como uma estrela do tênis.

Apesar da tradição familiar, o pai de Esther sonhava em ver a filha se tornar bailarina. Mas a paixão de Esther pela dança rápida das bolas na quadra falou mais alto: quando era adolescente, já estava competindo – e ganhando – torneios de gente grande.

Naquela época, o tênis ainda estava se consolidando. A própria Esther se lembrou, em entrevistas anos mais tarde, de que ela só tinha duas raquetes e que o prêmio que ganhou em Wimbledon, um dos principais campeonatos do mundo até hoje, era só de 15 libras! Mesmo com esse cenário, ela se destacou com rebatidas precisas e bolas rápidas. A maneira como a menina flutuava pela quadra lhe rendeu um apelido que deixou o pai contente: a Bailarina do Tênis.

Esther foi a primeira mulher a conquistar, no mesmo ano, quatro Grand Slams, que são os principais torneios do tênis. Ela acumulou muitos outros prêmios e troféus e entrou no livro dos recordes depois de vencer uma partida em apenas dezenove minutos!

Mas não foi só com as raquetes que Esther fez história. Na época dela, as mulheres tinham que jogar com saias longas e cheias de pregas, que atrapalhavam o movimento. Esther não queria nem saber disso: a prioridade dela era ter mobilidade para vencer os jogos. Por isso, foi ela quem começou a usar saias acima do joelho com shorts embaixo, como se faz até hoje.

Esther é considerada a maior tenista do Brasil e entrou para o Hall da Fama do Tênis!

11 DE OUTUBRO DE 1939 – 8 DE JUNHO DE 2018

SÃO PAULO, SÃO PAULO

ILUSTRADA POR
PAULA MILANEZ

"FIZ O BRASIL SER CONHECIDO E RESPEITADO."
— MARIA ESTHER BUENO

MARIA FIRMINA DOS REIS

ESCRITORA

Um dia, ao abrir o jornal, os leitores do Maranhão encontraram uma coisa diferente. Naquela época, era comum se publicarem romances, capítulo a capítulo, nos jornais. Mas, daquela vez, o livro era diferente... estava assinado por uma mulher! Essa escritora era Maria Firmina, e a história que ela contava era muito revolucionária para aquele tempo. Ela escreveu sobre um cruel senhor de escravizados que atormentava pessoas negras. Só que isso foi em 1859, quando a escravidão era a norma no Brasil. O livro de Maria Firmina foi um dos primeiros romances **abolicionistas**.

Esse romance tem muito a ver com a história da própria menina. A mãe dela era uma moça negra que havia sido escravizada e depois libertada. Maria conseguiu estudar com uma tia e acabou virando professora. Isso numa época em que as mulheres, principalmente as mulheres negras, quase nunca sabiam ler e escrever, e muito menos trabalhavam! Já como professora, começou a escrever e a denunciar o absurdo que era a escravidão. Ela assinou o livro dela, chamado *Úrsula*, só como "uma maranhense". Afinal, era muito perigoso defender a bandeira que ela estava levantando.

O livro de Maria Firmina ficou um tempo esquecido e a menina continuou sendo professora até a morte, já bem idosa, quase trinta anos depois de ver seu sonho do fim da escravidão virar realidade. Até que estudiosos encontraram o romance e começaram a analisá-lo. Eles perceberam como o livro era bom e se perguntaram por que não era mais famoso. A partir daí, Maria começou a ser reconhecida como ela merece: como uma das maiores escritoras da nossa história e uma das mulheres mais corajosas do seu tempo.

11 DE MARÇO DE 1822 – 11 DE NOVEMBRO DE 1917

SÃO LUÍS, MARANHÃO

ILUSTRADA POR
CLARA GASTELOIS

"TROCO ESCRAVIDÃO
POR LIBERDADE,
POR AMPLA LIBERDADE!"
— MARIA FIRMINA DOS REIS
EM *ÚRSULA*

MARIA LENK

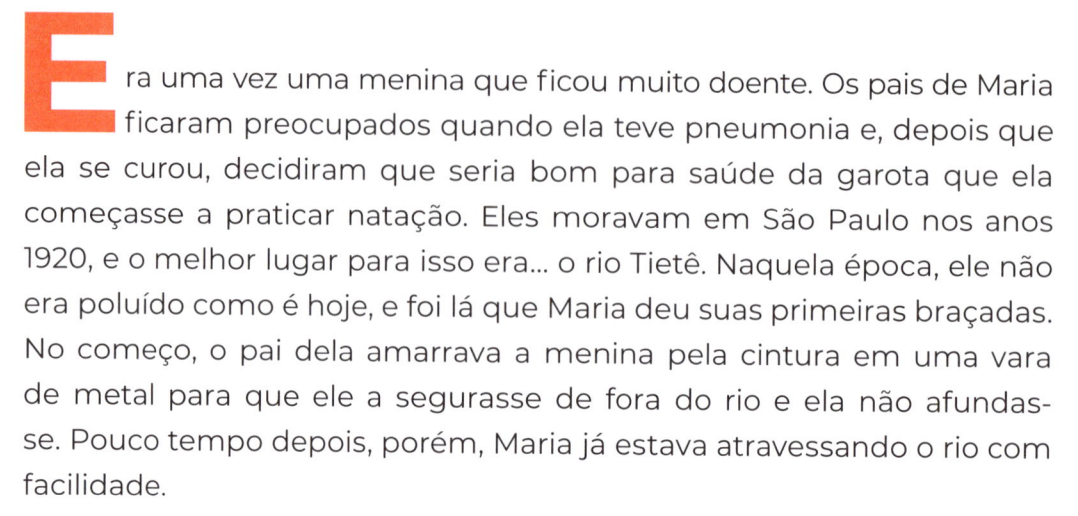

NADADORA

Era uma vez uma menina que ficou muito doente. Os pais de Maria ficaram preocupados quando ela teve pneumonia e, depois que ela se curou, decidiram que seria bom para saúde da garota que ela começasse a praticar natação. Eles moravam em São Paulo nos anos 1920, e o melhor lugar para isso era... o rio Tietê. Naquela época, ele não era poluído como é hoje, e foi lá que Maria deu suas primeiras braçadas. No começo, o pai dela amarrava a menina pela cintura em uma vara de metal para que ele a segurasse de fora do rio e ela não afundasse. Pouco tempo depois, porém, Maria já estava atravessando o rio com facilidade.

Os pais da garota só queriam que a saúde dela melhorasse, mas Maria foi muito além. Ela começou a participar de competições de natação e se tornou a primeira brasileira a nadar nas Olimpíadas! A viagem foi uma aventura. Para chegar em Los Angeles em 1932, a delegação brasileira ficou 27 dias em um navio.

Voltando do torneio, Maria passou a competir e a vencer muitas provas aqui no Brasil. Até que um dia ela conseguiu quebrar o recorde mundial nos 200 e 400 metros, inclusive levando em conta o tempo dos nadadores masculinos! Pela primeira vez, uma atleta brasileira quebrou um recorde mundial.

Ela nunca parou de nadar. Depois de deixar as Olimpíadas, passou a competir nas categorias para atletas mais velhos — ela ganhou cinco medalhas no campeonato mundial para atletas de 85 a 90 anos em 2000. E foi embora aos 92 anos do jeito que mais amou viver: nadando.

15 DE JANEIRO DE 1915 — 16 DE ABRIL DE 2007

SÃO PAULO, SÃO PAULO

"EU COMPETI COM UM UNIFORME EMPRESTADO, QUE TIVE DE DEVOLVER QUANDO AS PROVAS ACABARAM."
— MARIA LENK

ILUSTRADA POR
NICOLE JANÉR

MARIA MARTINS

ESCULTORA

Era uma vez uma Cinderela às avessas. Maria Martins vivia à noite como esposa de um diplomata brasileiro, indo a eventos, circulando por jantares luxuosos e outras ações que faziam parte das responsabilidades do marido. Mas era de manhã que a verdadeira Maria se libertava. Escondida no ateliê, ela moldava formas e texturas no bronze, na madeira e em vários outros materiais.

Ela descobriu já adulta a paixão pela arte. Um dia, decidiu pegar um pedaço de madeira e transformá-lo em uma forma qualquer, e nunca mais parou.

Maria morou em muitas partes do mundo, mas nada a marcou mais do que um voo sobre a Amazônia. Aquele verde sem fim que viu de longe a deixou muito impressionada.

Ela começou a fazer peças que levavam os mitos da floresta para as principais galerias de arte do mundo. Eram figuras que misturavam o real com o fantástico e que a artista chamava carinhosamente de "meus monstros". A Maria escultora não vivia só escondida no ateliê trabalhando nos monstrinhos dela. Ela também ficou amiga de muitos artistas, como Marcel Duchamp e o Piet Mondrian, dois grandes nomes da arte, e participou de exposições com eles.

Maria era meio do contra: não gostava de rótulos, como o de surrealista. E também não tinha paciência para os papéis que esperavam das mulheres. Maria era tão dona do próprio nariz que chegou a entrevistar o líder chinês Mao Tsé-Tung! A Cinderela às avessas não queria ter só uma vida de jantares de princesa e conseguiu se tornar uma das principais artistas do seu tempo, influenciando muitas que vieram depois.

7 DE AGOSTO DE 1894 – 27 DE MARÇO DE 1973

CAMPANHA, MINAS GERAIS

ILUSTRADA POR
NATHALIA TAKEYAMA

"UM DIA ME DEU VONTADE DE TALHAR MADEIRA E SAIU UM OBJETO QUE EU AMEI. E DEPOIS DESSE DIA ME ENTREGUEI DE CORPO E ALMA À ESCULTURA."
— MARIA MARTINS

MARIA QUITÉRIA

COMBATENTE

Todo dia era a mesma confusão na casa da pequena Maria Quitéria. A madrasta tentava fazer a menina se sentar e bordar, uma atividade que toda garota "deveria fazer" naquela época. Mas Maria protestava, corria e, quando se via, já estava longe, brincando com os cavalos ou indo caçar com as espingardas dos homens da família.

Um dia, quando já era adulta, Maria Quitéria ouviu falar de uma guerra. Os brasileiros estavam lutando contra os portugueses pelo controle da Bahia. Ela correu para o pai e pediu para se juntar às tropas. Afinal, sabia cavalgar e atirar como ninguém. Mas o pai dela não quis nem ouvir: que absurdo era esse, uma mulher querendo virar soldado?

Emburrada, Maria teve uma ideia. Foi até a casa da irmã, vestiu uma roupa do marido dela e cortou os longos cabelos. Naquele mesmo dia, se apresentou ao Exército como se fosse um garoto. Nenhum dos militares sonhou que aquele soldado que lidava com armas com tanta naturalidade pudesse ser uma menina, e ela começou a combater.

Quando o pai da Maria soube onde ela estava, ficou furioso. Ele foi até o batalhão onde ela servia e contou a verdade para o major. Só que, em vez de conseguir levar a filha de volta, ele retornou de mãos vazias. O chefe de Maria deixou ela continuar na tropa mesmo sabendo que era mulher porque ela era muito habilidosa como militar.

Depois da vitória, ela foi chamada pelo imperador para receber uma medalha e foi tratada como heroína da Independência do Brasil. Maria Quitéria é considerada a primeira brasileira a ter entrado nas Forças Armadas. Os seus feitos e a sua coragem são lembrados até hoje, e ela é considerada uma das patronas do Exército Brasileiro.

27 DE JULHO DE 1792 – 21 DE AGOSTO DE 1853

FEIRA DE SANTANA, BAHIA

ILUSTRADA POR
RAY CARDOSO

MARIELLE FRANCO

POLÍTICA

Marielle Franco nasceu na favela da Maré, no Rio de Janeiro. A menina viveu uma infância feliz, fazendo viagens com sua família para a Paraíba e brincando bastante com a irmã Anielle. Mas ela também precisou vencer obstáculos, inclusive para estudar, por isso, começou a trabalhar com 11 anos para pagar a própria escola. Marielle era muito estudiosa e dedicada e logo entrou num cursinho comunitário para ingressar na faculdade. E conseguiu!

Mas um dia aconteceu uma tragédia. Uma amiga dela morreu por causa de um tiroteio na comunidade. Infelizmente, Marielle já conhecia a vida na favela e sabia que isso acontecia, a escola dela às vezes não funcionava por causa dos tiros. Perder sua amiga fez com que ela decidisse que aquilo precisava acabar. Determinada, ela começou a trabalhar pela defesa dos direitos humanos.

Certa vez, os amigos lhe perguntaram: por que você não se candidata a um cargo público? De início, Marielle não gostou da ideia, mas acabou concordando que aquele seria um bom caminho para realizar o sonho de ver um mundo melhor. E foi o que ela fez: concorreu para vereadora, conseguiu mais de 45 mil votos e entrou para a Câmara de Vereadores do Rio de Janeiro.

Lá, ela continuou denunciando crimes e atitudes que prejudicavam as pessoas da comunidade. Nem todo mundo gostava do que ela falava e da força que tinha. Então, numa noite, Marielle infelizmente sofreu um atentado a caminho de casa e morreu.

Mas quem tentou silenciá-la não conseguiu, e os ideais dela só ficaram mais fortes. Marielle Franco virou símbolo da luta por direitos humanos. A garota da Maré plantou sementes em todas as pessoas que defendem um país melhor.

27 DE JULHO DE 1979 – 14 DE MARÇO DE 2018

RIO DE JANEIRO, RIO DE JANEIRO

"SER MULHER NEGRA É
RESISTIR E SOBREVIVER
O TEMPO TODO."
— MARIELLE FRANCO

ILUSTRADA POR
MAYARA SMITH

MARILENA CHAUI

FILÓSOFA

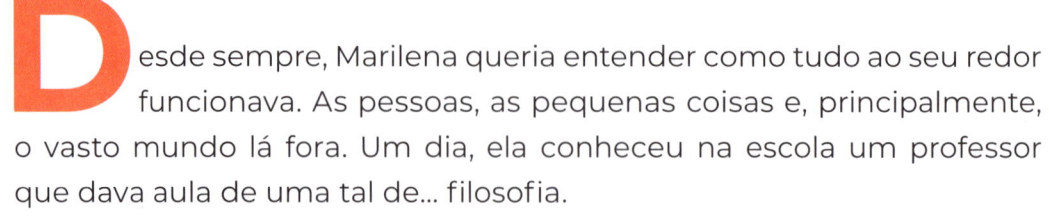

Desde sempre, Marilena queria entender como tudo ao seu redor funcionava. As pessoas, as pequenas coisas e, principalmente, o vasto mundo lá fora. Um dia, ela conheceu na escola um professor que dava aula de uma tal de... filosofia.

Marilena se apaixonou pela disciplina que investiga todas as coisas que ela queria saber. Decidiu que ia estudar bastante filosofia e depois ensinaria para outras pessoas. Mas, quando Marilena estava na faculdade, começou a ditadura militar no Brasil. Ela virou professora num tempo que dava muito medo, mas ela era corajosa.

O governo não aceitava nenhuma ideia que fosse diferente das suas. Então ele colocava espiões e aparelhos para gravar o que os professores diziam e até prendiam pessoas que eles considerassem "**subversivas**". Marilena achava aquilo muito errado e, com outros professores, organizou grupos para defender pessoas perseguidas. Quando a polícia ficava atrás de alguém por causa de ideias, eles ajudavam essa pessoa a se esconder.

Marilena estudou muito. Ela escreveu vários livros sobre filosofia e ganhou diversos prêmios. Tornou-se uma das maiores autoridades no assunto no Brasil inteiro. Ela não queria só entender o mundo, como também mudá-lo. A garota, que sempre achou que havia muitas injustiças na sociedade, dedicou a vida a falar e agir contra as desigualdades sociais.

A grande paixão da vida de Marilena é ensinar. "Eu penso que nasci para ser professora. Acho que é o que sei fazer e o que eu gosto de fazer", diz ela.

NASCIDA EM 4 DE SETEMBRO DE 1941

SÃO PAULO, SÃO PAULO

ILUSTRADA POR
TAYRINE CRUZ

"A VERDADE NÃO PODE ESCANDALIZAR."
— MARILENA CHAUI

MARÍLIA MENDONÇA

CANTORA E COMPOSITORA

Em 1995, nascia uma rainha no Brasil, numa cidadezinha no interior de Goiás. Só que ninguém sabia disso na época. Ela vivia numa casinha simples com a mãe e o irmão mais novo.

Um dia, ganhou um violão de presente do avô, pois ele sabia que ela gostava de música e decidiu incentivá-la a aprender a tocar o instrumento. Não demorou muito para Marília mostrar que era boa: quando tinha só 13 anos, foi chamada para trabalhar que nem gente grande. Virou compositora, escrevendo músicas para outras pessoas tocarem. Mas seu grande sonho era poder cantar ela mesma o que escrevia.

Não era simples, porque Marília estava no meio sertanejo, um tipo de música dominado por homens e no qual era muito difícil uma mulher fazer sucesso. A rainha mostrou que lugar de mulher é onde ela quiser. Em 2016, seu primeiro hit de sucesso, "Infiel", tocou sem parar nas rádios em todo o Brasil.

A ascensão dela foi rápida como um meteoro: quando fez 22 anos, Marília virou a cantora mais ouvida do país. A menina ganhou o coração do Brasil todo e um título: a Rainha da Sofrência, porque cantava as dores que todo mundo sente de vez em quando. Mas, apesar desse apelido, Marília sempre foi uma garota alegre e simpática, com um sorriso grandão que todo mundo reconhecia e amava.

O que ela sempre quis era ver as meninas crescerem juntas. Pedia: "Mulheres, se unam, jamais abaixem a cabeça". Ela queria vê-las conquistar cada vez mais seus objetivos e, por isso, abriu portas para várias outras cantoras de sertanejo!

Marília Mendonça teve uma passagem breve pela Terra, mas, para a nossa sorte, a Rainha da Sofrência deixou de presente mais de trezentas músicas para que todo mundo possa se lembrar do talento dela.

22 DE JULHO DE 1995 – 5 DE NOVEMBRO DE 2021

CRISTIANÓPOLIS, GOIÁS

ILUSTRADA POR
GIOVANA MEDEIROS

"COMO SEREI LEMBRADA? TALVEZ COMO UMA PESSOA QUE, CONTRARIANDO OS 'NÃOS' DA VIDA, FEZ POR ONDE PARA QUE SEUS SONHOS FOSSEM, SIM, POSSÍVEIS."
— MARÍLIA MENDONÇA

MARINA SILVA

POLÍTICA

Era uma vez uma menina da floresta. Ela conhecia as lendas e os segredos da mata, contados pelo tio. Até os 16 anos, Marina viveu rodeada pelas gigantes árvores da Amazônia.

Mas a vida nessa bela paisagem não era fácil. A menina conviveu com a doença e a pobreza. Quando perdeu a mãe, Marina virou a chefe da casa. Ainda adolescente, tinha que cuidar dos irmãos mais novos. Desse jeito, não sobrava tempo para estudar — então a garota, apesar de muito inteligente, não aprendeu a ler e a escrever.

Marina decidiu se mudar para a cidade, onde conseguiu uma vaga em uma escola de freiras e finalmente se alfabetizou. Lá, ela começou a pensar sobre a igualdade. *Por que algumas pessoas tinham tanto e outras tão pouco?* Ela, que já havia passado por muitas dificuldades, acreditava que todos deveriam ter o que comer e meios para viver de maneira digna.

Ela também se preocupava muito com o bem-estar da floresta, a sua casa, que vinha sendo devastada cada dia mais. Foi aí que Marina conheceu Chico Mendes, um **ativista** que tinha preocupações bem parecidas com as dela, e os dois ficaram amigos.

Foi com Chico que Marina entrou de vez para a política. Ela ajudava a liderar greves contra condições ruins de trabalho e apoiava denúncias sobre a destruição da Amazônia. Ela pode até ser pequena, mas na hora que subia para discursar, ninguém se lembrava de seu tamanho, dada a força de suas palavras!

Ela foi eleita a mais jovem senadora do Brasil, com 36 anos! Atualmente, Marina é Ministra do Meio Ambiente e continua a lutar pelos direitos das pessoas e contra a destruição da Amazônia, além de ser uma das vozes mais importantes da defesa do meio ambiente.

NASCIDA EM 8 DE FEVEREIRO DE 1958

RIO BRANCO, ACRE

"A FLORESTA AMAZÔNICA NÃO PODE, ELA PRÓPRIA, ENTRAR NA JUSTIÇA CONTRA OS DESMATADORES. NÓS É QUE TEMOS DE FAZER ISSO."
— MARINA SILVA

ILUSTRADA POR
LAURA ATHAYDE

MAURREN MAGGI

ATLETA

Era um dia quente em Pequim quando uma garota brasileira voou pela pista de corrida. Ela caiu mais de sete metros depois, num tanque de areia, e comemorou. É que a queda, ali, significava a medalha de ouro no salto triplo! Com isso, Maurren se tornou a primeira brasileira a chegar sozinha ao topo do pódio do atletismo em uma Olimpíada.

A trajetória da Maurren até o tão sonhado ouro não foi nada fácil. Tudo começou em São Carlos, cidade natal da garota, onde ela praticava esportes ainda criança. Ela se apaixonou logo pelo atletismo: amava a velocidade da corrida e a sensação de estar quase voando, com o vento batendo no rosto, quando dava seus saltos.

Apesar disso, o ouro olímpico ainda estava muito distante. Na primeira vez que Maurren participou da competição, se machucou e acabou precisando sair da disputa. Ela ficou muito triste e frustrada, mas voltou a treinar muito. Só que, na etapa seguinte, foi acusada de usar uma substância proibida para atletas. Maurren conseguiu provar que não foi por querer, mas não adiantou: teve que ficar fora das Olimpíadas de Atenas.

Só que a garota não desistiu de alcançar o seu sonho. Ela treinou, treinou, treinou e esperou até 2008, quando naquele dia de calor, do outro lado do mundo, ela finalmente conseguiu a sua tão sonhada medalha! Maurren é considerada a maior atleta brasileira na modalidade dela.

Depois de se aposentar das pistas, Maurren não deixou o esporte. Ela se dedica a tornar possível que outras mulheres também consigam ser estrelas como ela. Ela participou de um projeto para ajudar atletas mulheres e para levar um pouco da sua enorme experiência para as próximas gerações.

NASCIDA EM 25 DE JUNHO DE 1976
SÃO CARLOS, SÃO PAULO

"O PRINCIPAL ESTÁ NA CABEÇA, TEM QUE SE CONCENTRAR E TER UMA META."
— MAURREN MAGGI

ILUSTRADA POR
KAREN CHIBANA

MELÂNIA LUZ

VELOCISTA

Era uma vez uma garota apaixonada por um time de futebol: o São Paulo. Todo mundo da família de Melânia torcia para a equipe tricolor paulista. Com a menina, não era diferente: desde pequena ela adorava ostentar no peito o emblema do time e assistir aos jogos.

Um dia, Melânia percebeu que o centro de treinamento do clube era perto de sua casa. Ela foi lá espiar e viu, de longe, pessoas correndo muito rápido. Achou graça na brincadeira e decidiu que também queria participar. Logo, ela começou a treinar com grandes nomes do atletismo. E percebeu que de brincadeira aquela corrida não tinha nada: era preciso trabalhar duro para conseguir atingir o seu melhor.

A garota trabalhava de segunda a sexta e só conseguia treinar aos fins de semana, mas isso não a desanimava. Cada vez mais veloz, Melânia conquistou o campeonato brasileiro de atletismo, correndo 200 metros em apenas 27 segundos! A ligeirinha do São Paulo conquistou sua vaga na primeira equipe feminina de atletismo do Brasil nas Olimpíadas. Com isso, ela fez história: se tornou a primeira brasileira negra a competir nos Jogos.

Para Melânia, a idade nunca foi um impedimento. Ela continuou a treinar, a correr e a competir quase até o fim da vida. Com mais de 70 anos, ela conseguiu fazer os 200 metros em 36 segundos – somente nove segundos a mais do que quando era mais nova.

Melânia foi uma mulher negra pioneira e sabia o quanto isso era importante. Depois de finalmente pendurar os tênis de corrida, se dedicou a lutar pela inclusão de mais mulheres negras no esporte.

1º DE JUNHO DE 1928 – 22 DE JUNHO DE 2016

SÃO PAULO, SÃO PAULO

"EU FIQUEI NA HISTÓRIA.
EU TAMBÉM COMPETI.
NÃO É QUE ME DEIXARAM."
— MELÂNIA LUZ

ILUSTRADA POR
AMANDA LOBOS

MESTRA JOANA

ARTISTA MUSICAL

Era uma vez uma menina que cresceu no meio de tambores, agbês, atabaques e outros instrumentos lindos. A avó de Joana havia fundado uma nação de maracatu no Recife, mas havia um problema: as mulheres não podiam tocar instrumentos nem comandar as nações. Naqueles tempos, dizia-se que as mulheres tinham só que dançar. E foi isso que Joana fez. Ela bordou, dançou, ajudou de todas as formas o Encanto do Pina.

Um dia, porém, ela olhou para aqueles instrumentos tão lindos e decidiu que ia, sim, tocar! Ela encontrou muitas pessoas que eram contra e diziam que aquilo não era coisa de menina.

Enquanto Joana crescia e fazia tudo isso, o líder da nação, que era o pai dela, precisou se afastar. E aí começou um dilema: quem seria o sucessor? A tradição diz que quem determina o novo líder são os orixás, as divindades da religião do **candomblé**. E Joana foi escolhida, mesmo sendo uma mulher. Foi aí que a garota decidiu que, se iam reclamar das mulheres tocando, ela ia criar um espaço seguro. Ela juntou as meninas da nação e fundou um grupo só para elas.

Lá, ela começou a ouvir muitas histórias que as garotas não tinham coragem de compartilhar no espaço com homens. Algumas mulheres passavam por situações de violência. Então Mestra Joana decidiu que aquele espaço deveria ser seguro não só para música, mas para a vida delas. Ela passou a acolhê-las e a combater a violência doméstica dentro da comunidade.

Joana inspira muitas meninas, que agora não precisam apenas olhar para os belos instrumentos do batuque. Mais do que isso, ela mostrou que o lugar das garotas é onde elas quiserem estar.

NASCIDA EM 11 DE NOVEMBRO DE 1978

RECIFE, PERNAMBUCO

ILUSTRADA POR
JULIANA RABELO

"A MINHA SORTE, E DE MUITOS JOVENS DA COMUNIDADE, É O MARACATU. ELE NOS POSSIBILITOU VIVER OUTRA REALIDADE, CONHECER A CULTURA."
— MESTRA JOANA

MIRIAM LEITÃO

ECONOMISTA E JORNALISTA

Miriam virou jornalista por acaso. Ou talvez por destino, já que esse era mesmo o lugar dela. A garota saiu da casa dos pais e precisava pagar as contas. Um dia, viu no jornal um anúncio de estágio e se inscreveu sem pensar muito. E foi assim que a garota começou a trabalhar em uma pequena redação de jornal do Espírito Santo, a primeira de muitas pelas quais passaria.

Naqueles anos, o Brasil vivia numa ditadura comandada pelos militares, e Miriam era contra o governo autoritário. Ela virou militante política, mas foi presa e sofreu muitas violências na cadeia — mesmo grávida do primeiro filho. Só que não imaginavam que ela ia sair mais forte da prisão. Miriam continuou trabalhando duro e indo de jornal em jornal, porque era perseguida politicamente.

Ela sabia que, para ser uma jornalista melhor, precisava conhecer muito a fundo o assunto sobre o qual queria escrever. Então ela escolheu a economia e estudou muito, virando autoridade nesse tema tão difícil. Um dia, a chamaram para fazer algo novo: aparecer na televisão. A garota topou e virou comentarista.

Ela entrava nos jornais e tinha que explicar para as pessoas assuntos muito complexos de um jeito simples. Ela se deu tão bem fazendo isso que nunca mais parou. Nem todo mundo gosta das opiniões da Miriam e da trajetória de resistência dela na ditadura, e por isso ela já sofreu muitos ataques maldosos. Nada disso importa, porque Miriam é uma das jornalistas mais respeitadas e premiadas do país, além de ter sido a primeira brasileira a ganhar o prêmio Maria Moors Cabot, o Oscar do jornalismo mundial.

NASCIDA EM 7 DE ABRIL DE 1953

CARATINGA, MINAS GERAIS

URGENTE

"MINHA VINGANÇA FOI SOBREVIVER E VENCER."
— MIRIAM LEITÃO

ILUSTRADA POR
GABRIELA SAKATA

MULHERES DE TEJUCUPAPO

GRUPO DE HEROÍNAS

Até hoje, as mulheres de uma cidade do interior de Pernambuco são consideradas heroínas. E não é para menos, afinal, elas são as descendentes das Mulheres de Tejucupapo, as guerreiras que impediram a invasão dos soldados holandeses no século 17. Naqueles anos, os holandeses haviam conquistado uma parte do Brasil, lá no Nordeste. E um dia, quando eles estavam com pouca água e pouca comida, pensaram em roubar as coisas da população de uma vila perto de onde estavam acampados, chamada São Lourenço de Tejucupapo.

Os holandeses bolaram um plano. Como eles achavam que as mulheres seriam alvos fáceis, esperaram até que os homens da vila saíssem num domingo para vender os peixes que pescaram e as mandiocas que colheram. Os invasores só não contavam com uma coisa: as heroínas. Vendo aqueles homens se aproximando, as mulheres da vila se reuniram com tudo o que tinham para impedir que eles entrassem. Elas lutaram bravamente usando água fervente, paus, pedras, panelas e até pimenta! Sozinhas, elas conseguiram fazer com que os holandeses desistissem.

A história das bravas mulheres de Tejucupapo ficou muito tempo esquecida. Mas nunca pelas mulheres que moram no território da vila até hoje. Todos os anos, no último domingo de abril, as Mulheres de Tejucupapo se reúnem e fazem uma peça sobre a invasão. A encenação da batalha e das heroínas já foi assistida por mais de 10 mil pessoas de uma vez! As homenagens servem para lembrar às garotas da cidade o poder que elas têm — principalmente quando estão unidas.

DISTRITO DE TEJUCUPAPO, GOIANA, PERNAMBUCO

ILUSTRADA POR
KARMALEÃO

NATALIA PASTERNAK

MICROBIOLOGISTA

Natalia amava a ciência e queria que outras pessoas aprendessem a amar também. A menina cresceu numa casa cheia de livros e repleta de conhecimento vindo dos pais professores. Ela nunca teve dúvidas sobre o que queria fazer: pesquisar e entender as coisas do mundo. No caso dela, as coisas muito, muito pequenininhas. Ela se tornou microbiologista, uma cientista que estuda seres bem minúsculos, como os vírus e as bactérias.

Quando Natalia virou cientista, ela não imaginava ainda que o seu trabalho seria levar esse amor pelo conhecimento para outras pessoas. Só que um dia, ao conversar com as mães da escolinha de sua filha, descobriu que algumas delas achavam que vacinas não funcionavam! Natalia ficou chocada, porque a ciência já provou que vacinas salvam vidas. A cientista ficou muito chateada: eles se esforçavam tanto para aprender e criar coisas como a vacina e tinha gente que não sabia o porquê…

Então Natalia decidiu que queria mudar isso e começou a organizar eventos em que cientistas e outras pessoas podiam se encontrar para conversar, escrever artigos nos jornais e aparecer na televisão para falar sobre ciência. Hoje, Natalia é uma das principais divulgadoras científicas do Brasil e foi a primeira brasileira convidada para fazer parte de um dos comitês de cientistas mais importantes do mundo. Durante a pandemia, ela se esforçou muito para que as pessoas entendessem como se proteger do coronavírus e, por causa desse trabalho, ela recebeu vários prêmios. Até hoje, Natalia continua cumprindo esse papel importante de disseminar pelo mundo o amor pela ciência e pelo conhecimento.

NASCIDA EM 5 DE MAIO DE 1976
SÃO PAULO, SÃO PAULO

"CADA UM, NUM EXERCÍCIO DE CIDADANIA, DEVE SER MULTIPLICADOR DA MENSAGEM DA CIÊNCIA."
— NATALIA PASTERNAK

ILUSTRADA POR
MARINA HAUER

NICOLLE MERHY

EMPRESÁRIA

Transformar brincadeira em trabalho ou trabalho em brincadeira: essa é a vida de Nicolle, que é uma das mulheres mais importantes do universo dos jogos virtuais. Desde pequena, a garota gostava muito de videogames e, com o incentivo do pai, treinava muito. Às vezes, chegava a jogar durante oito horas por dia. No começo, Nicolle era uma jogadora desconhecida, mas isso mudou quando ela ganhou de um jogador famoso e, de repente, muitas pessoas se interessaram em assistir a ela jogar on-line! Mas, nessa época, os jogos ainda eram só um hobby.

Até que um dia ela recebeu um convite: entrar para uma equipe profissional. Nicolle amou a ideia e mergulhou de cabeça! Ela, que tinha o apelido de Cherrygumms porque gostava muito de chiclete de cereja, começou a se destacar. Mas nem todo mundo ficou feliz com isso: o mundo dos games ainda é um lugar predominantemente masculino, e alguns se ofenderam quando viram que uma garota sabia jogar melhor do que eles – que bobeira, né?

Apesar de ficar apreensiva com os comentários ruins, Nicolle nunca deixou de jogar por causa disso. Depois de integrar a equipe, recebeu um desafio ainda maior e virou a **CEO** do time. Isso significa que ela passou a coordenar mais de sessenta jogadores, sendo a maioria deles homens. O papel de liderança de Nicolle foi sempre tão forte que ela apareceu até na lista da revista Forbes como um dos maiores talentos jovens do mundo dos games.

Hoje, Nicolle administra o Black Dragons, o seu time, com a mesma precisão com que jogava as partidas de games. A persistência e competência da Nicolle são inspiração para muitas meninas gamers no Brasil e no mundo todo.

NASCIDA EM 15 DE ABRIL DE 1997
RIO DE JANEIRO, RIO DE JANEIRO

ILUSTRADA POR
ANNA CHARLIE

"INCENTIVO AS JOGADORAS A NÃO TEREM MEDO NEM SE ESCONDEREM."
— NICOLLE MERHY

NIÈDE GUIDON

ARQUEÓLOGA

Era uma vez uma menina que se interessava pelo passado. Não o passado recente, do pai ou da avó, mas um muito, muito distante. Nièdequeria saber como viviam as pessoas na época pré-histórica!

Por isso, ela foi estudar **arqueologia**, primeiro no Brasil e depois na França, onde também é cidadã. Aí, um dia, Nièdeveio comandar uma expedição de pesquisadores franceses no Piauí. Eles queriam estudar uma área ainda inexplorada, na qual diziam haver coisas deixadas por homens que viveram ali vários milhares de anos atrás.

Ela encontrou muito mais coisas do que imaginava: pinturas feitas nas paredes das cavernas onde eles moravam, objetos que mostravam como era a vida desses ancestrais. Olhando os desenhos de animais e homenzinhos nas paredes, Nièdeficou fascinada com a quantidade de material que teria para estudar. Ela começou a lutar para que tudo isso fosse protegido pelo governo, porque é uma parte da história da humanidade. Foi por causa dela que criaram um dos parques arqueológicos mais importantes do mundo: o Parque Nacional Serra da Capivara.

Nièdetambém fez uma descoberta incrível. Ela achou indícios que mostravam que já havia pessoas vivendo naquele lugar há mais de 100 mil anos! No começo, outros cientistas duvidaram, porque achavam que só tinham aparecido homens por ali bem mais perto da atualidade. Mas ela provou que estava certa, e isso foi um marco na história da ciência.

A menina não quis deixar as amadas pinturas e passou a morar no Piauí. Ela é presidente emérita de um museu sobre os homens pré-históricos e, até hoje, é uma das maiores especialistas em arqueologia do Brasil e do mundo.

NASCIDA EM 12 DE MARÇO DE 1933

JAÚ, SÃO PAULO

"EU PASSO O PRESENTE PROCURANDO O PASSADO."
— NIÈDE GUIDON

ILUSTRADA POR
GABI TOZATI

NISE DA SILVEIRA

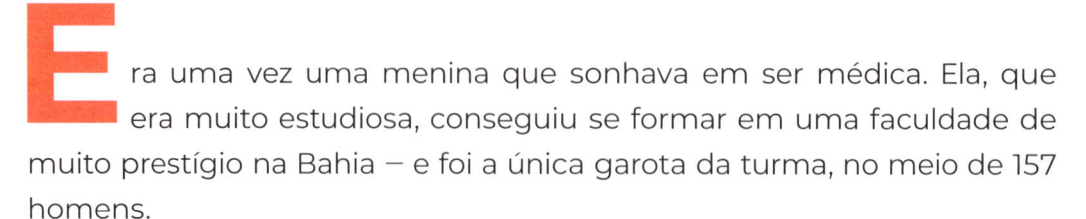

PSIQUIATRA

Era uma vez uma menina que sonhava em ser médica. Ela, que era muito estudiosa, conseguiu se formar em uma faculdade de muito prestígio na Bahia – e foi a única garota da turma, no meio de 157 homens.

Nise queria entender como funcionava a mente humana e tratar as pessoas que passavam por problemas. Por isso, virou psiquiatra. Junto do marido, que também era médico, ela se mudou para o Rio de Janeiro em busca de oportunidades de trabalho e, lá, começou a cuidar dos que sofriam com doenças mentais, mas não tinham dinheiro para pagar por tratamentos caros.

Só que, nessa época, o Brasil tinha um governo autoritário, que prendeu Nise injustamente. Ela ficou um tempo sem poder trabalhar porque, mesmo depois de solta, teve que viver escondida. Quando voltou aos hospitais, ficou horrorizada: haviam inventado procedimentos novos que maltratavam os doentes. Os médicos e enfermeiros davam choques, batiam nos pacientes... O hospital era um lugar triste.

Nise era contra tudo isso. Ela achava que todos mereciam ser tratados com respeito e que as pessoas com doenças mentais tinham muito potencial. Ela começou a dar pincéis e tintas para os pacientes e descobriu que eles não só ficavam melhores como também conseguiam produzir quadros muito bonitos, vários dos quais viraram obras de um museu que ela fundou – o Museu de Imagens do Inconsciente, onde hoje estão mais de 350 mil quadros!

Nise revolucionou o jeito de tratar as pessoas com doenças mentais, que até então eram excluídas da sociedade. Ela é considerada uma das mais importantes psiquiatras do Brasil e do mundo até hoje.

15 DE FEVEREIRO DE 1905 – 30 DE OUTUBRO DE 1999

MACEIÓ, ALAGOAS

"O QUE MELHORA O ATENDIMENTO É O CONTATO AFETIVO DE UMA PESSOA COM OUTRA. O QUE CURA É A ALEGRIA, O QUE CURA É A FALTA DE PRECONCEITO."
— NISE DA SILVEIRA

ILUSTRADA POR
TAÍSSA MAIA

NÍSIA FLORESTA

EDUCADORA E ESCRITORA

Era uma vez uma garota que não queria seguir as regras que eram impostas a ela pelos homens do seu tempo. A pequena Nísia sonhava com uma sociedade em que homens e mulheres teriam os mesmos direitos, em que não houvesse escravidão e em que todas as pessoas pudessem ter acesso à educação. No começo do século 19, quando a menina nasceu, todos esses ideais estavam muito longe de serem alcançados. Mas, sozinha, a garota potiguar decidiu que não ia deixar isso a abalar e começou a desafiar os padrões. O primeiro deles foi abandonar o marido, com quem ela tinha sido obrigada a se casar quando era ainda uma criança de apenas 13 anos.

Ela voltou para a casa dos pais e começou a escrever. Nísia, que na verdade se chamava Dionísia, foi a primeira jornalista e escritora feminista do Brasil. Os jornais para mulheres naquele tempo eram todos escritos por homens, mas isso mudou por causa da nossa heroína. Ela começou a escrever para um jornal do Recife e também lançou um livro falando sobre os direitos das mulheres e as injustiças que elas sofriam por causa dos homens, que não aceitavam que elas tivessem independência. Quando ele foi publicado, Nísia tinha só 22 anos!

Ela sabia que não bastava escrever, era preciso agir. Então criou a primeira escola feminina que de fato ensinava mulheres a ler, a escrever e a falar outras línguas e não só sobre tarefas do lar, como era de costume na época. Nísia acreditava que a educação mudaria o futuro das mulheres.

A importância de Nísia na educação e nos direitos das mulheres fez ela ser eternizada no nome de uma cidade. Hoje em dia, a cidade onde a primeira feminista brasileira nasceu, no Rio Grande do Norte, se chama Nísia Floresta.

12 DE OUTUBRO DE 1810 — 24 DE ABRIL DE 1885
NÍSIA FLORESTA, RIO GRANDE DO NORTE

ILUSTRADA POR
CAMILA FERREIRA

"A ESPERANÇA DE QUE, NAS GERAÇÕES FUTURAS DO BRASIL, ELA [A MULHER] ASSUMIRÁ A POSIÇÃO QUE LHE COMPETE NOS PODE SOMENTE CONSOLAR DE SUA SORTE PRESENTE."
— NÍSIA FLORESTA

PAGU

ESCRITORA

Era uma vez uma garota que queria ver o mundo e que nunca parava quieta. Desde cedo, Patrícia Galvão chamava a atenção: gostava de ter cabelos curtinhos, de usar batom vermelho e de falar alto e ser ouvida – coisas que as meninas não podiam fazer no passado.

No colégio, ela vivia aprontando. E foi em uma dessas vezes que Patrícia conheceu um casal de jovens chamados Oswald e Tarsila, que eram bem mais velhos do que ela. A garota fez amizade com os dois, que eram artistas muito importantes para a arte paulistana da época. Com eles, começou a andar no meio artístico da cidade e a publicar textos e ilustrações em revistas modernistas, ganhando então um apelido novo: Pagu.

Como Pagu, a menina começou a alçar novos voos. Ela achava que as pessoas deviam ter mais direitos e uma vida melhor e, por isso, participava de movimentos que pediam melhores condições de trabalho. Só que, por causa dessa luta, Pagu foi presa por diversas vezes. O governo não aceitava essas manifestações e chamava a garota de "agitadora".

E Pagu era mesmo agitada! Um dia, decidiu realizar o sonho de viajar pelo mundo. Esteve na China, no Japão, nos Estados Unidos; viajou de navio, atravessou a Rússia de trem e foi estudar francês em Paris. Ela trabalhava em todos os países em que visitava, mandando textos para os jornais brasileiros. A menina inquieta do interior de São Paulo estava vendo a história acontecer!

Pagu viveu como uma gata: fez tanta coisa que parece que teve sete vidas em vez de uma. Escritora, jornalista, poeta, desenhista, tradutora... tudo e mais um pouco! Serviu de exemplo para gerações de mulheres, mostrando que ser uma garota nada comportada pode significar ser uma garota livre.

9 DE JUNHO DE 1910 – 12 DE DEZEMBRO DE 1962

SÃO JOÃO DA BOA VISTA, SÃO PAULO

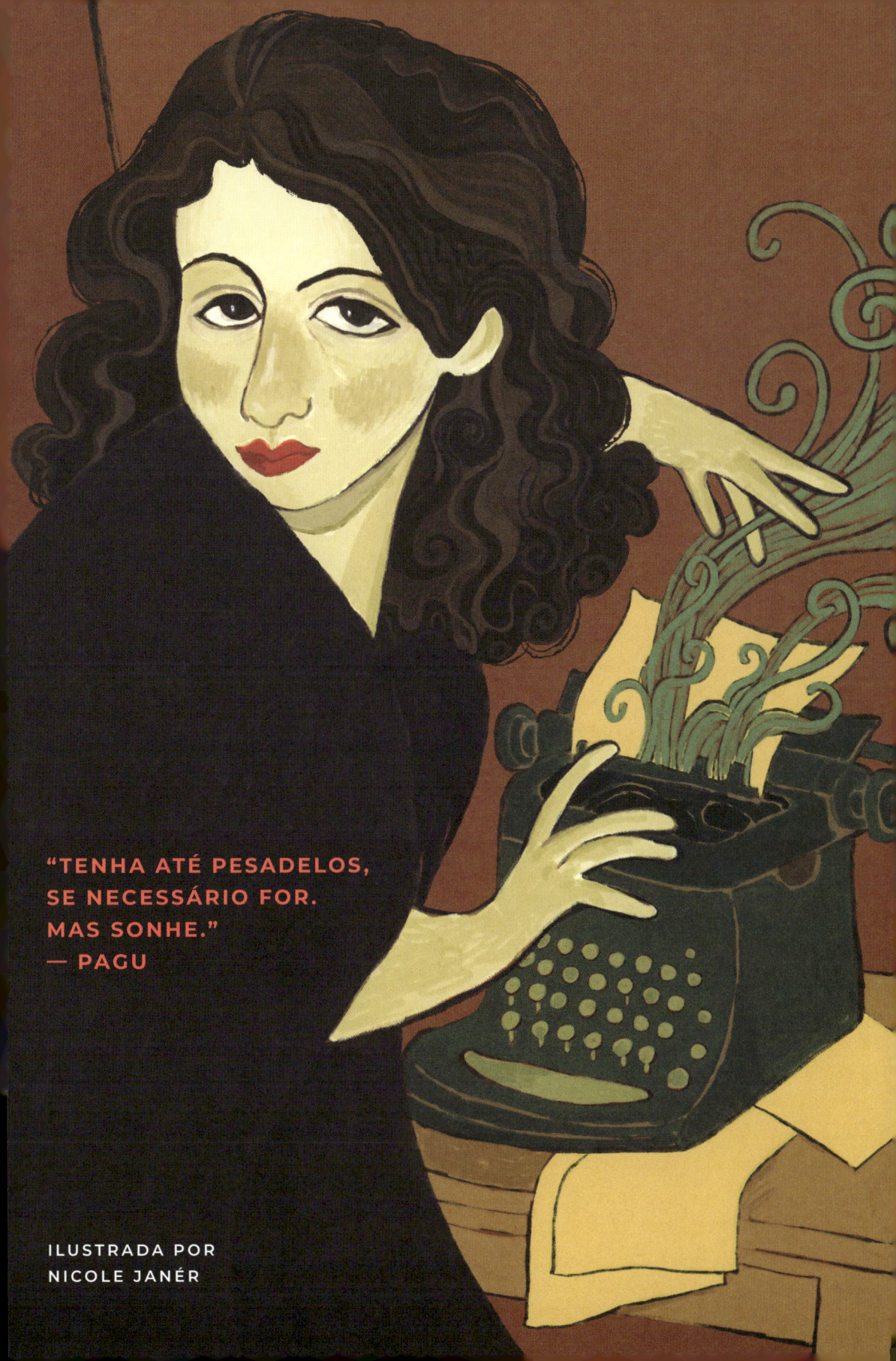

"TENHA ATÉ PESADELOS,
SE NECESSÁRIO FOR.
MAS SONHE."
— PAGU

ILUSTRADA POR
NICOLE JANÉR

PANMELA CASTRO

ARTISTA DE RUA

Com uma lata de tinta spray na mão, a garota saía pelas ruas do Rio de Janeiro para ser ouvida. Panmela começou como **pichadora**, fazendo rabiscos clandestinos em muros e paredes durante a adolescência. Como queria ter voz, a tinta foi a forma de se sentir ouvida. Ela adotou até um codinome e passou a ser conhecida como Anarkia Boladona.

Panmela decidiu que queria expressar mais do que a própria voz: queria dar voz ao coletivo, a todas as pessoas que precisassem. E então se encontrou no grafite.

Uma vez, Panmela conheceu um homem, se apaixonou por ele e os dois ficaram juntos. Mas o príncipe encantado era, na verdade, um homem mau. Ele manteve Panmela presa por uma semana e a agrediu. Quando a garota o denunciou para a polícia, nada foi feito. Desde então, ela decidiu que não ia deixar isso acontecer com mais nenhuma mulher. Foi aí que passou a usar a sua arte para conscientizar as mulheres sobre a violência doméstica e a Lei Maria da Penha, que foi criada para ajudar as vítimas e prevenir esse tipo de crime.

Ela começou a levar oficinas de grafite para bairros pobres e a conversar com mulheres sobre esse tipo de violência — Panmela fundou uma ONG dedicada só a isso. Ela mudou a vida de muitas mulheres através do grafite e do projeto dela. Por causa desse trabalho muito importante, Panmela recebeu vários prêmios e foi até considerada por uma revista estadunidense uma das "150 mulheres que agitavam o mundo". E só havia duas brasileiras na lista naquele ano!

Mas Panmela não faz o que faz pensando em ganhar prêmios. Ela é apaixonada pelo grafite e, principalmente, pela voz que conseguiu criar para si e também para outras mulheres no Brasil.

NASCIDA EM 26 DE JUNHO DE 1981

RIO DE JANEIRO, RIO DE JANEIRO

ILUSTRADA POR
JOANNA MACIEL

"A PICHAÇÃO ERA UM MOVIMENTO INDIVIDUAL. COM O GRAFITE CONSEGUI COMUNICAR ANGÚSTIAS COLETIVAS. MAS OS DOIS TRAZEM ESSA VONTADE DE GRITAR."
— PANMELA CASTRO

RAYSSA LEAL

SKATISTA

Um dia, uma fadinha foi andar de skate. Com um vestido azul brilhante e asas cintilantes, ela voou por cima de uma escada. Na primeira vez, caiu. Na segunda, também. Na terceira, a fadinha flutuou, o skate girou no ar e ela aterrissou em cima dele como uma ginasta terminando a coreografia.

Essa fadinha se chama Rayssa e nasceu no Maranhão. Rayssa ficou conhecida por, desde pequena, andar de skate de uma maneira incrível, e depois que um vídeo seu fazendo manobras **viralizou** na internet.

Tudo começou quando ela tinha 6 anos e ganhou um skate. A menina miudinha passou a se dedicar a aprender manobras radicais usando uma prancha que tinha quase metade do tamanho dela. Pouco tempo depois, já conhecida como Fadinha, Rayssa começou a competir com gente grande. E ela mostrou que tamanho não é documento no skate: virou a campeã brasileira do esporte e entrou para o time que representou o país nas Olimpíadas de Tóquio!

Lá, Rayssa virou a sensação. Todo mundo queria saber como uma menina tão nova podia já ser tão experiente no skate. É que Fadinha, apesar de brincalhona e alegre, sempre teve muita responsabilidade também. Ela vai a todos os treinos e leva o esporte muito a sério.

E o esforço valeu a pena. Com apenas 13 anos, Rayssa ganhou a medalha de prata na modalidade dela e se tornou a brasileira mais jovem da história de todos os esportes a trazer para casa uma medalha olímpica! E isso é só o começo da história impressionante dessa fadinha maranhense. Ela continua competindo, treinando e alçando voos cada vez maiores.

NASCIDA EM 4 DE JANEIRO DE 2008

IMPERATRIZ, MARANHÃO

"SE VOCÊ PODE SONHAR, VOCÊ PODE REALIZAR."
— RAYSSA LEAL

ILUSTRADA POR JU KAWAYUMI

RITA LEE

CANTORA

Era uma vez uma garota rebelde: ela pregava peças, brigava com colegas e fazia birra para tomar banho. Essa era Ritinha, a caçula de três irmãs que moravam em São Paulo com os pais.

Ainda criança, Ritinha aprendeu a tocar piano. Mas ela ficava muito nervosa quando tinha que se apresentar. "Medo de palco", disse a professora. E Ritinha ficou longe da música por muito tempo.

Mas a pequena era roqueira e tinha duas paixões: o ator James Dean, símbolo da rebeldia jovem, e a banda inglesa Os Beatles. Já na adolescência, Ritinha formou uma banda com outras três meninas. E continuou travessa: para escapar das regras do pai, pulava a janela do quarto na hora de dormir e ia tocar em colégios pela cidade.

A primeira banda terminou, mas Ritinha logo formou outros grupos. Em 1967, ficou em segundo lugar no Festival de MPB, com a banda Os Mutantes e o cantor Gilberto Gil.

Apesar de ter vencido o medo de palco, Rita teve que enfrentar dois problemas. De um lado, estava o governo militar do Brasil, que não gostou nem um pouco de suas letras ousadas, que eram sem papas na língua, iguaizinhas a ela. Do outro, ela sofria porque uma parte dos músicos da época achava que, por ser uma menina de sobrenome estadunidense que tocava guitarra elétrica, suas músicas não eram "brasileiras de verdade". Uma vez, fizeram até um manifesto para proibir a guitarra em um festival em que Rita ia tocar!

Mas ela não estava nem aí para o que os outros pensavam. "Eu juro que é melhor não ser o normal", cantou em uma música. A garota rebelde continuou batendo recordes de venda e fazendo sucesso nas rádios. Ela viveu a vida inteira cantando esse tal de rock 'n' roll.

31 DE DEZEMBRO DE 1947 – 8 DE MAIO DE 2023

SÃO PAULO, SÃO PAULO

ILUSTRADA POR
IRENA FREITAS

"MAS ENQUANTO ESTOU VIVA E CHEIA DE GRAÇA, TALVEZ AINDA FAÇA UM MONTE DE GENTE FELIZ."
— RITA LEE

ROBERTA ESTRELA D'ALVA

SLAMMER

E *se a gente fizesse poesia falando, e não escrevendo?*, pensou um dia Roberta. Ela, que era atriz e amava as palavras, queria unir as duas paixões. Nascida em Diadema, na periferia de São Paulo, a garota amava o hip-hop e a cultura de rua, o grafite, os músicos... Quando chegou à faculdade para estudar teatro, ela ficou incomodada porque não via essa cultura tão rica ali.

Quando se formou, ela decidiu estudar mais sobre o estilo de vida que é o hip-hop e sobre a mistura da palavra com a voz. Para isso, foi para os Estados Unidos. Lá, ela conheceu uma coisa diferente, que nunca havia visto no Brasil: um slam. É uma competição de poesia, como se fosse uma batalha de rappers. Os competidores se apresentam e ganham notas, e a plateia assiste à apresentação e se diverte.

Roberta ficou encantada e, quando voltou ao Brasil, quis ir a um slam por aqui também. Só que não existia nenhum! Ela pensou: *Bom, então a gente tem que criar*. E foi assim que começou esse gênero de poesia no país. Três anos depois de ter criado a competição, Roberta deu um passo além: ela conseguiu alcançar o terceiro lugar no Campeonato Mundial de Slam.

O slam é uma poesia que fala de temas muito importantes para a sociedade, como o racismo. Por ser falado, pode ser feito por qualquer pessoa — até quem não tem muito estudo e não consegue escrever tão bem. Porém, às vezes, justamente por ser tão aberto a todas as pessoas, essa atividade é vista com preconceito. Mas Roberta nem liga para as críticas. Ela sabe que não são só os escritores clássicos, brancos e europeus que importam. A cultura negra é um tesouro, e Roberta adora explorá-la para descobrir coisas novas.

NASCIDA EM 18 DE FEVEREIRO DE 1978
DIADEMA, SÃO PAULO

"FALAR NÃO É A MESMA COISA QUE SER OUVIDO. [O SLAM] É ISSO: UM LUGAR ONDE AS PESSOAS SE SENTEM OUVIDAS E REPRESENTADAS."
— ROBERTA ESTRELA D'ALVA

ILUSTRADA POR
MARINA VENANCIO

RUTH DE SOUZA

ATRIZ

Ruth passava as noites no interior de Minas Gerais sonhando com as luzes do Rio de Janeiro, cidade onde nasceu, mas que só conheceu por meio das histórias de sua mãe.

Quando Ruth completou 9 anos, elas voltaram a morar na capital carioca. Na cidade grande, ela e a mãe iam ao cinema, e aquele lugar mágico deixou Ruth encantada. Ela começou a sonhar: *E se estivesse ali, no lugar das atrizes?* Mas havia um obstáculo: Ruth era negra e, naquela época, quase não havia atores e atrizes como ela. As pessoas riam quando a menina contava o seu sonho. Ela ficava chateada, mas ao mesmo tempo pensava: *Eu vou conseguir!*

Na vida adulta, Ruth brilhou nos palcos e decidiu se aventurar no cinema. Ela não gostava nem um pouco quando a escalavam para uma personagem boba. Afinal, Ruth queria mostrar que, ao contrário do que preconceituosos achavam, as pessoas negras eram muito inteligentes. E Ruth certamente era. Ela achava um absurdo que em um país com tantas pessoas negras, como o Brasil, não houvesse atrizes e atores com essa cor de pele. Então, ao lado de amigos, decidiu criar um teatro para pessoas negras.

Em 1953, ela participou do filme *Sinhá Moça* e foi indicada ao Leão de Ouro, um prêmio muito importante. Foi a primeira vez que uma atriz brasileira, branca ou negra, foi indicada a esse troféu.

Ruth continuou atuando no cinema, no teatro e na televisão durante vários anos seu último papel foi na televisão, com mágicos 97 anos!

12 DE MAIO DE 1921 – 28 DE JULHO DE 2019

RIO DE JANEIRO, RIO DE JANEIRO

"EU SEMPRE BRIGUEI
E COBREI MUITO PARA
TER O MEU ESPAÇO."
— RUTH DE SOUZA

ILUSTRADA POR
FANY LIMA

RUTH SONNTAG NUSSENZWEIG

MÉDICA PESQUISADORA

Era uma vez uma menina que precisou, acompanhada de sua família, fugir do país em que havia nascido. Ruth era judia e nascera na Áustria, mas, quando a perseguição dos nazistas começou, eles se mudaram para o Brasil. E foi aqui que ela encontrou o seu lar!

Ruth era muito curiosa e queria virar cientista, pesquisar coisas. Naquela época, ela entendeu que o melhor jeito de conseguir fazer isso seria entrando na faculdade de medicina. Lá, ela começou a estudar os seres microscópicos que causavam doenças nas pessoas. Ruth foi a responsável por descobrir, por exemplo, como impedir que as pessoas pegassem a **doença de Chagas**, que era um problema muito sério no Brasil.

Na faculdade, Ruth conheceu o marido, e eles viraram uma dupla imbatível na especialidade deles: a parasitologia! Logo começaram a ganhar bolsas de estudos e foram para os Estados Unidos continuar a pesquisar. Mesmo fora do Brasil, eles não se esqueceram das pessoas daqui. Um dos estudos mais relevantes que Ruth fez foi sobre a malária. Essa doença é bem comum em alguns lugares do Brasil, como a Amazônia, e é transmitida por um mosquito. Uma das pesquisas de Ruth iluminou o caminho até a criação de uma vacina! Isso foi um grande avanço para toda a medicina. A garota, que sempre foi muito apaixonada pelo seu trabalho, transmitiu isso também para os filhos — os três seguiram os passos da mãe e do pai e viraram nomes importantes da ciência.

Além de tudo isso, Ruth também foi a primeira mulher a se tornar membro da Academia de Ciências dos Estados Unidos! Com a sua curiosidade e o seu desejo de aprender mais sobre o mundo, ela ajudou milhares de pessoas no Brasil e no exterior.

20 DE JUNHO DE 1928 — 1º DE ABRIL DE 2018

VIENA, ÁUSTRIA

ILUSTRADA POR
MARIA AUGUSTA
SCOPEL BOHNER

MALÁRIA

"SE VOCÊ PERSISTIR,
A MEDICINA DÁ MUITA
SATISFAÇÃO."
— RUTH SONNTAG
NUSSENZWEIG

SÔNIA BRAGA

ATRIZ

Era uma vez uma menina que, infelizmente, perdeu o pai quando ainda era muito nova. Para ajudar a mãe e os irmãos, começou a trabalhar como recepcionista em um bufê quando ainda era adolescente. Um belo dia, ela participou de um teste para modelo. Ali foi o começo de um novo mundo para Sônia, cheio de flashes e palcos, câmeras e telas.

A menina do interior do Paraná começou a participar de curtas-metragens e teve a chance de fazer parte do elenco da peça *Hair*. Atuou em novelas e filmes, e, certo dia, Sônia arrumou a mala e foi passar um tempo nos Estados Unidos, sem saber que isso mudaria a sua vida.

Lá, ela recebeu um convite para estrear no lugar mais famoso do mundo: Hollywood. A menina, que vivia como Gata Borralheira, virou Cinderela. E detalhe: sem precisar de nenhum príncipe encantado!

Ela foi indicada a muitos prêmios e ganhou outros tantos. Mas nunca se deixou ficar séria demais por causa da fama. Quando perguntam para Sônia como é estar num tapete vermelho do Oscar, ela ri e brinca, jurando que é igualzinho a um casamento no interior do Brasil: aquele solzão na cabeça e você de vestido e salto.

O que move Sônia é a paixão pela arte e as suas opiniões. A musa da televisão brasileira e das telas internacionais, com seus cabelos revoltos icônicos, deixa bem claro o que pensa, mesmo que isso desagrade algumas pessoas. Se a maior parte das pessoas leva pulseiras ou colares como acessórios no tapete vermelho, Sônia já levou cartazes de protesto.

Hoje ela vive entre Nova York e Rio de Janeiro, sempre em busca de um novo desafio nas telas ou uma causa necessária que precise ser defendida.

NASCIDA EM 8 DE JUNHO DE 1950

MARINGÁ, PARANÁ

"ANTES DE SER ATRIZ, SOU TRABALHADORA. AS PESSOAS NÃO COMPREENDEM A ARTE COMO UMA PROFISSÃO."
— SÔNIA BRAGA

ILUSTRADA POR
CARTUMANTE
(CECÍLIA RAMOS)

SONIA GUAJAJARA

LÍDER INDÍGENA E POLÍTICA

Era uma vez uma menina guerreira. Nascida no povo Guajajara, no Maranhão. Sonia era igual aos seus: forte e destemida. Os Guajajara são conhecidos como um povo indígena que se revoltou contra as injustiças que os homens brancos tentaram impor desde a época do Brasil Colônia — e a garota seguiu a tradição de luta.

A pequena Sonia ficava muito brava quando ouvia falas preconceituosas serem ditas sobre indígenas, como que eles não gostavam de trabalhar — ela via o duro que sua família dava todos os dias — e que a terra que eles possuíam era muita. Sonia sabia desde que nasceu que os indígenas são os guardiões da floresta. Ao contrário daqueles que derrubam as árvores, eles tiram o sustento da terra e fortalecem mata.

A primeira vez que Sonia saiu de perto do seu povo foi com 15 anos, quando teve a oportunidade de estudar. A menina decidiu ir porque acreditava que assim poderia ajudar mais os Guajajara. E assim foi. Ela primeiro se tornou professora e depois trabalhou como auxiliar de enfermagem. Teve três filhos e viveu em muitos lugares diferentes.

Mas Sonia nunca deixou de lado a sua origem. Ela se tornou uma das principais vozes no Brasil e no mundo em defesa dos povos indígenas. Como os seus antepassados, nunca teve medo de enfrentar desafios para seguir seus ideais.

Reconhecida e muito premiada pelo seu trabalho à frente de grupos indígenas, Sonia já participou de reuniões internacionais e encontros com presidentes. Em 2018, se tornou a primeira indígena a ser candidata a vice-presidente do Brasil. Em 2022, uma conquista inédita: foi eleita a primeira mulher indígena deputada federal do estado de São Paulo. Em 2023, tornou-se a ministra do primeiro Ministério dos Povos Indígenas a ser criado no Brasil.

NASCIDA EM 6 DE MARÇO DE 1974
ARARIBOIA, MARANHÃO

ILUSTRADA POR
PAULA CRUZ

"A ANCESTRALIDADE
SEMPRE ENSINOU
QUE O SENTIDO DA
VIDA É O COLETIVO."
— SONIA GUAJAJARA

SUZANA AMARAL

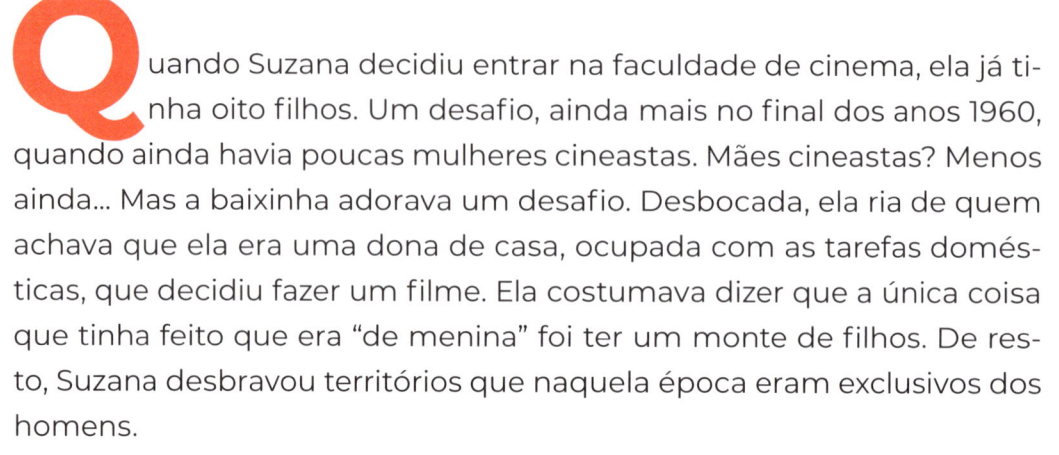

DIRETORA DE CINEMA

Quando Suzana decidiu entrar na faculdade de cinema, ela já tinha oito filhos. Um desafio, ainda mais no final dos anos 1960, quando ainda havia poucas mulheres cineastas. Mães cineastas? Menos ainda... Mas a baixinha adorava um desafio. Desbocada, ela ria de quem achava que ela era uma dona de casa, ocupada com as tarefas domésticas, que decidiu fazer um filme. Ela costumava dizer que a única coisa que tinha feito que era "de menina" foi ter um monte de filhos. De resto, Suzana desbravou territórios que naquela época eram exclusivos dos homens.

Durante dezoito anos, ela trabalhou na televisão. Teve mais um filho e estudou cinema nos Estados Unidos. Lá, teve uma ideia: ela amava o livro *A hora da estrela*, da escritora Clarice Lispector. E se o transformasse num filme? Voltando ao Brasil, a baixinha se pôs ao trabalho. Correu atrás de dinheiro para conseguir fazer o seu filme, arrumou atores e, depois de alguns anos, finalmente gravou! Todo mundo gostou do resultado, e Suzana passou a fazer outros. Ela ficava irritada quando diziam que os filmes dela eram "femininos". A cineasta gostava mesmo era de retratar a vida e as histórias que faziam "plim" no coração dela. Se alguma com homem aparecesse, ela ia filmar, oras!

Suzana ganhou prêmios e continuou trabalhando a vida toda, até onde a saúde permitiu. Ela dizia que só não tinha feito mais filmes porque era muito difícil conseguir dinheiro para o cinema brasileiro. Engraçada e brava, Suzana não contava nunca a idade que tinha. Toda vez que era entrevistada por um jornal, ela dava uma data diferente. Quando morreu, em 2020, ninguém soube dizer quanto tinha vivido.

28 DE MARÇO DE 1932 – 25 DE JUNHO DE 2020

SÃO PAULO, SÃO PAULO

ILUSTRADA POR
MARINA HAUER

"EU FALO SOBRE PROBLEMAS DE COMUNICAÇÃO. POR ACASO, NOS MEUS FILMES, ELES ACONTECEM COM MULHERES."
— SUZANA AMARAL

SYLVIA ANJOS

GEÓLOGA

Foi numa aula de geografia que a vida da Sylvia mudou. Era um dia normal na escola para formar professores onde a garota estudava. A professora começou a falar sobre como as montanhas dos Andes haviam subido, ao longo de milhões de anos, e como antigamente, onde hoje fica a Floresta Amazônica, antes era um mar. Sylvia ficou fascinada. Como pode ter sido tudo tão diferente? Ela passou a estudar mais sobre o solo, as rochas, as montanhas, tudo o que formava a crosta do nosso planeta, e desistiu de ser professora infantil: agora queria ser geóloga.

Um geólogo mexe, por exemplo, com petróleo, que é uma substância que se formou muitos e muitos anos atrás sob o chão da terra, lá no fundo. Antigamente, essa profissão era considerada masculina. Quando Sylvia foi trabalhar na Petrobras, a empresa brasileira de petróleo, não havia nem banheiro feminino para ela, acredita? Ela foi a segunda mulher a trabalhar lá! Sylvia vivia reclamando pro chefe que lá existiam lugares em que mulheres não podiam ir.

Pouco a pouco, Sylvia e outras mulheres da companhia foram batendo o pé e conseguindo melhorar como eram tratadas. Ela sabia que não fazia nenhum sentido proibir as mulheres de realizar algo que os homens podiam fazer.

Sylvia trabalha há mais de quarenta anos dentro da Petrobras, uma das empresas mais importantes do Brasil. Ela explorou vários campos de petróleo e treinou muitas equipes de novos geólogos, sempre pensando no futuro da profissão. Hoje em dia, ela é gerente-geral da empresa, uma das posições mais altas lá dentro. Muito competente, Sylvia abriu as portas da geologia e da Petrobras para outras mulheres.

RIO DE JANEIRO, RIO DE JANEIRO

"A GEOLOGIA NOS DÁ CONHECIMENTOS DA EVOLUÇÃO DO PLANETA E DAS ESPÉCIES, MOSTRA QUE TUDO É PASSAGEIRO E TUDO MUDA."
— SYLVIA ANJOS

ILUSTRADA POR
MARY CAGNIN

TARSILA DO AMARAL

PINTORA

A menina do interior de São Paulo gostava de rabiscar papéis e desenhar as obras de arte que tinha visto nos museus da Europa. Logo, todos à sua volta começaram a perceber o seu talento e a incentivaram a estudar pintura. Tarsila teve alguns professores no Brasil, mas naquela época o país não tinha muitos museus nem muito espaço para ela aprender o que queria. A garota decidiu que, se quisesse ser uma grande artista, precisaria estudar onde os grandes artistas daquele tempo estavam: Paris.

Foi o que ela fez. Desembarcou na capital francesa e começou a estudar com os melhores. Lá, aprendeu várias coisas, como o **cubismo**. A arte dos anos 1920 era muito animada, efervescente, cheia de novas modas e técnicas. Os artistas buscavam inovar, brincar com as formas, as cores e as texturas. Tarsila amou essa ideia. E, mais ainda, amou a ideia de mostrar como o Brasil poderia se encaixar nisso. Numa carta para os pais, a garota escreveu: "Quero ser a pintora do meu país".

Nessa época, Tarsila conheceu um grupo de amigos artistas. Eles tinham começado um movimento muito importante, criando a Semana de Arte Moderna de 1922, que queria romper com todos esses conceitos antigos da arte. Ela se juntou a eles, e os amigos formaram o chamado Grupo dos Cinco. Eles viraram o símbolo do **modernismo** no Brasil e revolucionaram o jeito que se fazia arte por aqui.

Tarsila se entregou totalmente ao seu estilo de pintura. Na mais famosa delas, pintou um homem de pés imensos e a cabeça pequenininha, quase encostando num sol bem amarelo e redondo. Usando cores fortes e formas estranhas, Tarsila levou o Brasil paras telas e se tornou, de fato, a "pintora do seu país".

1º DE SETEMBRO DE 1886 – 17 DE JANEIRO DE 1973

CAPIVARI, SÃO PAULO

"EU INVENTO TUDO NA MINHA PINTURA. E O QUE EU VI OU SENTI, EU ESTILIZO."
— TARSILA DO AMARAL

ILUSTRADA POR
PAPOULAS DOURADAS

THELMA KRUG

MATEMÁTICA

Thelma estava entediada. Havia se mudado para os Estados Unidos com o filho bebê e o marido para que ele pudesse estudar. Mas ela achava a vida de dona de casa muito chata... Queria voltar a estudar também, e bateu o pé em casa. Sem muito dinheiro, o casal se virou para ela conseguir fazer faculdade de matemática. Thelma, que já havia trabalhado como babá, também precisava fazer os serviços da casa, conciliando as tarefas domésticas com os estudos.

Voltando para o Brasil, ela foi procurar uma vaga de professora universitária. E aconteceu uma coisa muito revoltante: a faculdade disse que não estava precisando de ninguém, mas logo depois convidou o marido de Thelma para dar aula. Ela foi cobrar satisfação, e disseram que achava que uma mulher não daria conta dos alunos, que eram todos homens. Pois Thelma não só deu conta como também acabou se tornando a primeira diretora da faculdade de engenharia.

Outro assunto que preocupava Thelma era o meio ambiente. Ela foi trabalhar para o Instituto Nacional de Pesquisas Espaciais, que monitora quanto da floresta está sendo destruído a cada ano. Vendo quanto de verde era perdido por ano, ela sabia que os governantes precisavam tomar uma atitude para salvar o planeta. Thelma passou a integrar um grupo de cientistas de vários países que fiscalizam as mudanças climáticas, chamado IPCC (Painel Intergovernamental sobre Mudanças Climáticas).

Do mesmo jeito que havia batido o pé quando quis estudar, Thelma sabia como conseguir o que queria nas metas de preservação. Hoje em dia, ela é uma das três vice-presidentes do IPCC, ajudando a comandar a batalha contra o aquecimento global para salvar a Terra.

NASCIDA EM 20 DE MARÇO DE 1951

SÃO PAULO, SÃO PAULO

"AS FUTURAS GERAÇÕES DEPENDEM DA GENTE, DO QUE A GENTE FIZER HOJE."
— THELMA KRUG

ILUSTRADA POR JULIANA RABELO

THEREZA DI MARZO

AVIADORA

Thereza gostava de passar os dias observando o céu de São Paulo e pensando como seria voar. O sonho parecia muito distante, porque ela era uma garota do começo do século 20, e o que se esperava das meninas naquela época era só que se casassem e fossem mães. Por isso, quando Thereza falou para a família que queria ser pilota, odiaram a ideia. Então, para pagar pelo curso de voo, a garota teve uma ideia: fez uma rifa da sua vitrola, que era o aparelho de som da época, e conseguiu o dinheiro!

Ela voou por dez horas no curso e passou de primeira na prova. Apesar da pista curta, ela conseguiu fazer todas as manobras e ficou quarenta minutos sobrevoando a cidade de Santos. Foi assim que Thereza se tornou a primeira mulher brasileira a ser oficialmente pilota de avião. Ela ganhou o registro número 76, no dia 8 de abril de 1922. Depois disso, Thereza ganhou o céu!

Alguns anos mais tarde, Thereza se casou com seu professor de voo. Desde então, ela não voou mais sozinha, porque o marido dizia que na casa só havia espaço para um aviador. Eram outros tempos e as mulheres precisavam da autorização do marido para muitas atividades, então Thereza precisou deixar de pilotar seu avião. Mas ela não sumiu do mundo da aviação: continuou voando ao lado do marido e sempre participava empolgada da recepção de aviadores que passavam por São Paulo.

Já idosa, o pioneirismo de Thereza foi reconhecido. Ela ganhou a medalha do Mérito Aeronáutico, uma das maiores honrarias da Força Aérea Brasileira, por causa do seu grande feito!

4 DE AGOSTO DE 1903 – 9 DE FEVEREIRO DE 1986

SÃO PAULO, SÃO PAULO

ILUSTRADA POR
ANA GENEROSO

TXAI SURUÍ

LÍDER INDÍGENA

No meio da Floresta Amazônica, a pequena Txai ouvia atenta. Sob os seus pés, escutava o farfalhar das folhas. No silêncio, sentia o vento e ouvia os barulhos de bichos no chão, no ar e nas árvores. Ela sempre gostou de prestar atenção à mata, como seu pai havia ensinado.

O pai da menina, o cacique Almir Suruí, sempre lutou pela preservação do meio ambiente e da floresta, que eles chamam de lar. Ele ensinou Txai a sempre ouvir o que o mundo tinha a lhe dizer. À medida que ela cresceu, Txai percebeu que esse ambiente em volta dela estava pedindo socorro.

A menina via o clima mudando, os animais sumindo, as plantações ficando mais sem vida a cada ano. *A Terra está nos falando que não temos mais tempo*, pensou ela. Txai então decidiu que não ia ficar parada diante dos pedidos do planeta.

Nascida nos povos Suruí, em Rondônia, a garota já rodou o mundo protestando contra a destruição da Amazônia e pedindo que governantes tomem providências contra as mudanças climáticas. Ela foi até a Escócia participar da conferência da Organização das Nações Unidas sobre o clima, na qual foi a única brasileira a discursar. Na sua fala, Txai disse que os povos devem se unir agora para salvar o planeta. Ela foi muito aplaudida e o seu discurso ressoou no mundo todo.

Txai é a primeira indígena do seu povo a cursar a faculdade de direito. Ela é uma das principais lideranças da nova geração contra o aquecimento global. A menina tem um sonho: voltar a ouvir a floresta e os bichos; a ver a lua e as estrelas, feliz, no meio da Amazônia, a sua casa.

NASCIDA EM 1997

RONDÔNIA

"A TERRA NOS DIZ QUE NÃO TEMOS MAIS TEMPO. NÃO É 2030 OU 2050. É AGORA!"
— TXAI SURUÍ

ILUSTRADA POR
NATHALIA TAKEYAMA

VERONICA OLIVEIRA

EMPREENDEDORA

Era uma vez uma garota que acompanhava a avó no trabalho de empregada doméstica na casa de uma família muito rica. Às vezes ela se perguntava para que eles precisavam de tanto espaço assim — havia mais quartos do que pessoas vivendo lá!

Algumas coisas eram muito estranhas, como o fato de que ela e a avó comiam numa sala diferente da dos donos da casa. Ela também não gostava de como a patroa falava com a vovó dela.

O tempo passou, Veronica cresceu e aqueles dias no trabalho da avó foram pro fundinho da memória. Ela começou a trabalhar e teve filhos. Só que, um dia, perdeu o emprego, o que a deixou muito triste e preocupada, porque precisava sustentar as crianças. Ela teve então uma ideia: e se começasse a fazer faxina?

Ela fez um cartaz bonito e publicou num grupo on-line. A agenda de Veronica se encheu de trabalho! Ela passou a conseguir sustentar a família com o dinheiro que ganhava limpando a casa de outras pessoas, o que a fez feliz. Mas nem tudo eram flores... Veronica encontrou muita gente mal-educada, que a tratava do mesmo modo que a patroa da avó.

Essas pessoas eram preconceituosas e achavam que o trabalho de Veronica não valia tanto quanto o delas. Mas ela decidiu que não ia ficar quieta, então começou a contar a sua história em um perfil do Instagram, o Faxina Boa.

O sucesso da página foi tanto que Veronica conseguiu milhares de seguidores, conheceu outras mulheres que trabalhavam como faxineiras, começou a dar palestras, escreveu um livro e... parou de fazer faxina (na casa dos outros, pelo menos). Ela continua se dedicando a mostrar que as mulheres que trabalham com faxina merecem ser valorizadas e respeitadas e se tornou uma das principais vozes pelo trabalho justo no Brasil.

SÃO PAULO, SÃO PAULO

ILUSTRADA POR
BRUNNA MANCUSO

"TRABALHO HONESTO NÃO
É PARA TER VERGONHA."
— VERONICA OLIVEIRA

XUXA MENEGHEL

APRESENTADORA DE TV

Quando a mãe de Xuxa estava grávida, os médicos ficaram preocupados. Existia uma chance de ela e a bebê não sobreviverem ao parto. Por isso, o pai da menina fez uma promessa: daria o nome de Maria da Graça caso elas ficassem bem.

E ficaram. Só que o nome não funcionou dentro de casa, e logo o irmão deu à garota o apelido de Xuxa, pelo qual ela é conhecida até hoje.

O começo dessa história é parecido com a de várias artistas. Ela era uma garota muito bonita e trabalhou como modelo, depois como atriz. Só que Xuxa tinha uma coisa diferente das outras garotas da sua idade: ela amava crianças e o sonho dela era trabalhar com os pequenos!

Por isso, Xuxa virou apresentadora de programas infantis. A animação e o sorriso da garota fizeram do Xou da Xuxa um grande sucesso! Uma conquista tão grande que ela ficou conhecida para sempre como a Rainha dos Baixinhos.

Qual é o segredo? "Respeito", diz Xuxa. Para ela, trabalhar com os pequenos é respeitar se eles querem brincar naquele momento, entender se gostam dela ou não e saber quando é hora de falar e quando é hora de ouvir.

Se tem uma coisa que tira Xuxa do sério é gente que não gosta de criança. "Quem não gosta de criança não deveria nem chegar perto de mim, pois essa energia eu não quero para minha vida."

A Rainha dos Baixinhos levou essa filosofia para fora dos palcos também. Ela é uma grande defensora dos direitos dos pequenos. Uma de suas causas de coração é o combate às palmadas. Xuxa acredita que nenhuma criança deve ser educada com violência e se dedica a ensinar isso para todos os adultos.

NASCIDA EM 27 DE MARÇO DE 1963
SANTA ROSA, RIO GRANDE DO SUL

ILUSTRADA POR
CECILIA MARINS

"ACHO A LUTA FEMINISTA DE EXTREMA
IMPORTÂNCIA. A MULHER ESTÁ LONGE
DE OCUPAR UM LUGAR DE IGUALDADE
E TEM MUITO CAMINHO PELA FRENTE."
— XUXA MENEGHEL

ZEZÉ MOTTA

ATRIZ

Maria Elazir queria que a filha fosse costureira como ela. A mãe vivia aflita com os planos da menina: esse sonho de ser atriz e cantora era algo para mocinha? Mas Zezé não mudava de ideia. Tinha começado um curso de teatro e queria seguir o sonho de ser artista. Logo, dona Elazir desistiu de mudar a cabeça da menina. Sabia que a filha era determinada.

Zezé estreou na peça *Roda viva*, uma das mais revolucionárias da época, que combatia a ditadura militar. A garota negra chamou a atenção em um Rio de Janeiro que não tinha muitas atrizes que não fossem brancas. Ela foi para a televisão e foi convidada para viver no cinema a personagem Chica da Silva, uma mulher escravizada que virou dama da sociedade. Zezé abraçou esse papel com toda a alma, e ele a fez virar um fenômeno mundial! A garota não parou mais: fez mais de trinta filmes e quarenta novelas, isso para não falar nas novelas, séries, musicais e peças de teatro.

Mas as telas eram só uma parte da vida da Zezé. Ela também se dedicou à música, trazendo a herança dela como mulher negra para as canções. Zezé sofreu preconceito desde pequena, e a garota se tornou uma militante do movimento negro. Ela conta que demorou muito para gostar do próprio cabelo crespo e que até pensou em fazer uma cirurgia plástica para diminuir o bumbum. Depois de um tempo, ela viu como as pessoas que não gostavam da aparência dela eram só preconceituosas e que não havia nada, nadinha mesmo, de errado com ela.

Zezé defende que é muito importante que meninas negras vejam atrizes negras de sucesso. Ela sabe o quanto isso faz diferença para que, desde pequena, elas aprendem a se amar — algo que Zezé descobriu ao longo da vida.

NASCIDA EM 27 DE JUNHO DE 1944

CAMPOS DOS GOYTACAZES, RIO DE JANEIRO

ILUSTRADA POR
THAMILES BRITO

"QUERO FAZER A DIFERENÇA PARA A MINHA GERAÇÃO E PARA AS MENINAS MAIS NOVAS TAMBÉM. É UMA MISSÃO HÁ MAIS DE CINQUENTA ANOS."
— ZEZÉ MOTTA

ZICA ASSIS

EMPREENDEDORA

No dia em que Zica chegou ao trabalho pela primeira vez, os patrões olharam feio para ela. A garota tinha um cabelo lindo, crespo e penteado no estilo "black power". Os donos da casa, brancos, não gostaram de sua beleza natural. Como precisava muito do emprego, ela cortou e alisou os fios. Mas Zica nunca ficou satisfeita com isso. Ela queria usar o seu cabelão da maneira que achava mais bonita.

A garota via que muitas outras meninas negras passavam pelo mesmo que ela e achava isso muito injusto. Por que as pessoas consideravam o cabelo liso mais bonito? Pensando em como cuidar dos próprios cabelos sem perder a identidade, Zica decidiu fazer um curso de cabeleireira. Nele, ela aprendeu a definir os cachos, hidratar os fios e destacar a própria beleza. E aí surgiu uma ideia: e se ela transformasse isso em um negócio?

Na época, Zica não tinha dinheiro para abrir um salão, mas convenceu o marido a vender o fusquinha que ele usava para trabalhar e eles abriram o primeiro Beleza Natural. O nome era importante para Zica, pois mostrava o que ela queria ressaltar nas clientes que vinham em busca dela.

O sucesso do método de Zica foi tanto que ela começou a abrir vários salões. Muitas mulheres foram em busca de cuidar dos cabelos sem precisar alisar. Hoje em dia, ela tem mais de quarenta salões do Beleza Natural e atende quase 130 mil mulheres por mês! Para Zica, foram duas vitórias principais: ela ajuda mulheres a amarem os próprios cabelos e nunca mais teve que trabalhar em um lugar que não a aceitasse como ela é.

NASCIDA EM 1960

RIO DE JANEIRO, RIO DE JANEIRO

"O MAIS IMPORTANTE É CORRER ATRÁS DE SEUS SONHOS E NÃO DESISTIR DIANTE DA PRIMEIRA DIFICULDADE."
— ZICA ASSIS

ILUSTRADA POR
CAROLINE BOGO

ZILDA ARNS

MÉDICA

A pequena Zilda tinha um passatempo diferente. Além de brincar na rua, nadar no rio e se divertir com os irmãos, ela também gostava muito de acompanhar a mãe no trabalho. A mãe era parteira – ou seja, ajudava as grávidas a darem à luz, e Zilda logo ficou conhecida como "parteirinha". Foi ao ver sua mãe trabalhar que a menina se interessou pela medicina.

A parteirinha sempre gostou de crianças. Das suas – ela teve seis filhos! – e de todas as outras. Por isso, Zilda se dedicou a salvar a vida de crianças por meio da medicina. Ela foi pediatra e sanitarista, que é um médico que ajuda a prevenir doenças fazendo uso, por exemplo, da higiene. O foco de Zilda era as comunidades pobres, onde ela ensinava as mães a evitarem que seus bebês ficassem doentes utilizando coisas simples e baratas.

Ela fundou a Pastoral da Criança, que começou a levar os conhecimentos da médica para cada vez mais lugares. Hoje, além do Brasil, a Pastoral também ajuda os pequenos em outros vinte países! Depois de ver esse sucesso, Zilda decidiu ajudar outro grupo que precisa de cuidados, e assim nasceu a Pastoral da Pessoa Idosa, que atende mais de 100 mil idosos. Pelo seu trabalho, Zilda foi indicada quatro vezes ao Prêmio Nobel da Paz e recebeu muitos outros prêmios e homenagens.

Em 2010, Zilda estava levando os trabalhos da Pastoral para o Haiti, onde havia muitas crianças que precisavam de ajuda, quando aconteceu um terremoto muito forte e ela acabou morrendo. O trabalho de Zilda, porém, permanece salvando crianças que precisam de ajuda ao redor do mundo. Só no Haiti, onde ela havia acabado de começar a jornada, hoje já são mais de 5 mil crianças atendidas pela organização que ela criou.

25 DE AGOSTO DE 1934 – 12 DE JANEIRO DE 2010

FORQUILHINHA, SANTA CATARINA

ILUSTRADA POR
LUÍSA FANTINEL

"A GENTE SABE QUE PARA HAVER PAZ NO MUNDO É PRECISO HAVER JUSTIÇA."
— ZILDA ARNS

ESCREVA SUA HISTÓRIA

Era uma vez

DESENHE SEU RETRATO

GLOSSÁRIO

ABOLICIONISTAS – pessoas que defendiam o fim da escravidão.

ACADEMIA BRASILEIRA DE LETRAS – associação que reúne os principais escritores do Brasil.

AIDS – doença que deixa o corpo muito fraco e que não tem cura (mas que hoje em dia tem tratamento).

ARQUEOLOGIA – ciência que tenta descobrir como eram outras culturas estudando objetos do passado.

ATIVISTA – pessoa que luta por uma causa.

AXÉ – gênero musical nascido na Bahia e popular no Carnaval.

BARRAGEM – construção grande que serve para segurar a água de um rio para fazer energia elétrica.

CANDOMBLÉ – religião afro-brasileira em que os orixás, divindades associadas às forças da natureza, são cultuados.

CEO (CHIEF EXECUTIVE OFFICER) – chefe de uma empresa ou companhia de grande porte.

COLETIVO – grupo de pessoas que se reúnem para conseguir fazer algo juntas.

CUBISMO – movimento artístico que usa formas geométricas e linhas retas para fazer pinturas.

DOENÇA DE CHAGAS – doença que faz o coração da pessoa ficar maior do que o normal.

DOENÇA DE CROHN – doença que faz com que o intestino não consiga digerir direito os alimentos que a pessoa come.

ÉTNICO-RACIAIS – conjunto de características de pessoas que são do mesmo grupo ou da mesma cultura.

EURECA – exclamação que quer dizer "eu descobri!".

FRONT – local onde acontecem batalhas durante uma guerra.

GENÉTICA – conjunto de traços que determina como a gente é quando nasce, como cor do cabelo e do olho.

IMPEACHMENT – processo para trocar de presidente de um país antes de chegar a hora das eleições.

MODERNISMO – movimento artístico que queria revolucionar o jeito de fazer artes como pintura, escultura e literatura.

MPB – a Música Popular Brasileira é o gênero musical nascido no Brasil na década de 1960 a partir da mistura da bossa-nova, do samba e do rock.

NAZISTAS – grupo que surgiu na Alemanha e tentou acabar com pessoas que eram diferentes delas, como judeus e ciganos.

OÁSIS – lugar pequeno e agradável no meio de um deserto ou local isolado, de difícil acesso.

PICHADORA – pessoa que faz pinturas e escreve em paredes e muros nas ruas de uma cidade.

POTIGUAR – pessoa que nasce no estado do Rio Grande do Norte.

QUILOMBO – comunidade em que viviam pessoas negras que conseguiram fugir da escravidão.

SUBVERSIVAS – mulheres que eram consideradas rebeldes pelos governantes.

SUPREMO TRIBUNAL FEDERAL – tribunal que reúne os onze juízes mais importantes do Brasil.

SWING – estilo de jazz, ritmo afro-americano.

TABU – assunto sobre o qual as pessoas evitam falar, por vergonha ou por medo.

TRANSEXUAL – pessoa que não se identifica com o gênero que deram para ela ao nascer.

TROPICALISMO – movimento artístico, político e cultural popularizado no Brasil durante a ditadura militar por artistas como Gal Costa, Rita Lee e outros artistas de todas as partes do país.

VIRALIZAR – tornar músicas, imagens ou vídeos muito famosos na internet por meio de seu compartilhamento por muita gente em curto intervalo de tempo.

ILUSTRADORAS

Cinquenta artistas extraordinárias retrataram a rebeldia, a coragem e a perspicácia das rebeldes brasileiras deste livro. Aqui estão todas elas:

ADRIANA KOMURA
AMANDA LOBOS
AMY N. MAITLAND
ANA GENEROSO
ANNA CHARLIE
BRUNA ASSIS BRASIL
BRUNNA MANCUSO
CAJILA BARBOSA
CAMILA FERREIRA
CAROLINE BOGO
CARTUMANTE (CECÍLIA RAMOS)
CECILIA MARINS
CLARA GASTELOIS
CLARISSA PAIVA
ERIKA LOURENÇO
FANY LIMA
GABI TOZATI
GABI VASKO
GABRIELA SAKATA
GIOVANA MEDEIROS
HANNAH CARDOSO
INA CAROLINA
IRENA FREITAS
ISADORA ZEFERINO
JOANNA MACIEL
JU KAWAYUMI
JULIANA RABELO
KAREN CHIBANA
KARMALEÃO
LAURA ATHAYDE
LUÍSA FANTINEL
MALENA FLORES
MARCELLA TAMAYO
MARIA AUGUSTA SCOPEL BOHNER
MARINA BANKER
MARINA HAUER
MARINA VENANCIO
MARY CAGNIN
MAYARA SMITH
NATHALIA TAKEYAMA
NICOLE JANÉR
PAPOULAS DOURADAS
PAULA CRUZ
PAULA MILANEZ
RAY CARDOSO
SOPHIA ANDREAZZA
TAÍSSA MAIA
TAYRINE CRUZ
THAMILES BRITO
THE KARYNNE

AGRADECIMENTOS

Para que este livro chegasse às suas mãos, foram necessárias a colaboração e a dedicação plena de várias mulheres incríveis. Por isso, não podemos deixar de agradecer à equipe que fez com que isso fosse possível: Alanne, Alexsandra, Ana Carolina, Anna Clara, Angela, Angélica, Anissa, Barbara, Beatriz, Camila, Cinthya, Caroline, Clarissa, Fabrícia, Fernanda, Gabriela, Jéssica, Juliana C., Juliana M., Juliana P., Letícia, Luciana, Maria Julia, Maria Luiza, Mariana G., Mariana S., Mariangela, Nataly, Nathália, Paloma, Renata D., Renata S., Renata T., Rosângela, Sandilleyde, Thais, Valquíria, Vanessa e todas as outras colaboradoras extraordinárias da Editora Planeta.

Além disso, agradecemos imensamente a todas as cinquenta ilustradoras que embarcaram nesta jornada conosco e fizeram obras magníficas que estão à altura das histórias extraordinárias das mulheres aqui retratadas. E, claro, agradecemos a você, leitora, que nos acompanhou até aqui. Que este livro inspire você a mudar e a construir um novo mundo.

GAROTAS REBELDES é uma marca global multimídia focada em educação e entretenimento, com a missão de inspirar uma geração de garotas confiantes ao redor do mundo, por meio de conteúdo, produtos e experiências.

Os produtos Timbuktu e Rebel Girls ganharam:

- 2020 Webby People's Voice em Podcasts: Família e Crianças
- 2020 Ouro em Educação no New York Festivals Radio Awards
- 2020 Melhor uso de conteúdo em contexto social; Corporativo

Prêmios de conteúdo:
- 2019 #1 Podcast em Educação, People's Choice Podcast Awards
- 2018 Australian Book Industry Award para livros internacionais
- 2018 Star Watch Superstars, Publishers Weekly
- 2017 Livro do ano, Blackwell's
- 2017 Livro do ano, Foyles
- 2016 Play 60, Play On (uma iniciativa da Fundação NFL para reinventar playgrounds públicos)
- 2014 Primeira menção especial na Bienal de Arquitetura de Bordeaux
- 2013 Melhor revista infantil do ano na London Digital

Prêmios de revista:
- 2012 Melhor design no lançamento Education and Kids
- 2012 Melhor startup italiana

Participe da comunidade Rebel Girls em:
Facebook: facebook.com/rebelgirls
Instagram: @rebelgirls
Twitter: @rebelgirlsbook
Site: rebelgirls.com

Se você gostou deste livro, por favor reserve um momento para avaliá-lo na plataforma que você preferir!

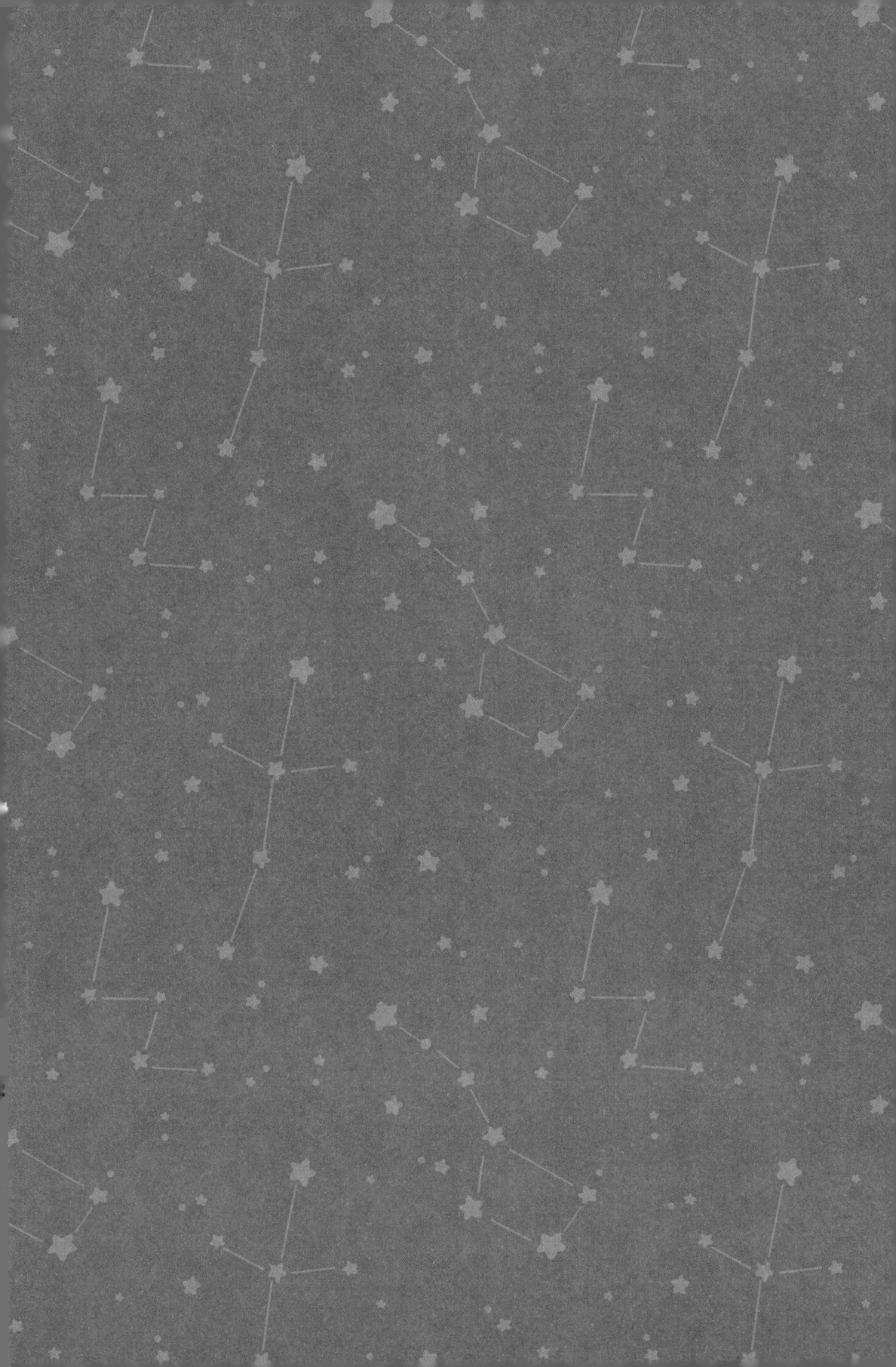

Editora Planeta
Brasil | **20 ANOS**

Acreditamos nos livros

Este livro foi composto em Montserrat e impresso pela Geográfica para a Editora Planeta do Brasil em junho de 2023.